MULHERES LÍDERES E EMPREENDEDORAS

CB055535

Silvina Ana Ramal

Mestre em Administração e Professora de Empreendedorismo

MULHERES LÍDERES E EMPREENDEDORAS

Os compromissos que fazem a diferença na carreira de uma executiva

ALTA BOOKS
EDITORA
Rio de Janeiro, 2019

Mulheres Líderes e Empreendedoras: Os compromissos que fazem a diferença na carreira de uma executiva

Copyright © 2019 da Starlin Alta Editora e Consultoria Eireli. ISBN: 978-85-508-0272-5

Todos os direitos estão reservados e protegidos por Lei. Nenhuma parte deste livro, sem autorização prévia por escrito da editora, poderá ser reproduzida ou transmitida. A violação dos Direitos Autorais é crime estabelecido na Lei nº 9.610/98 e com punição de acordo com o artigo 184 do Código Penal.

A editora não se responsabiliza pelo conteúdo da obra, formulada exclusivamente pelo(s) autor(es).

Marcas Registradas: Todos os termos mencionados e reconhecidos como Marca Registrada e/ou Comercial são de responsabilidade de seus proprietários. A editora informa não estar associada a nenhum produto e/ou fornecedor apresentado no livro.

Impresso no Brasil — 1ª Edição, 2019 — Edição revisada conforme o Acordo Ortográfico da Língua Portuguesa de 2009.

Publique seu livro com a Alta Books. Para mais informações envie um e-mail para autoria@altabooks.com.br

Obra disponível para venda corporativa e/ou personalizada. Para mais informações, fale com projetos@altabooks.com.br

Produção Editorial Editora Alta Books	**Gerência Editorial** Anderson Vieira	**Marketing Editorial** marketing@altabooks.com.br	**Vendas Atacado e Varejo** Daniele Fonseca Viviane Paiva	**Ouvidoria** ouvidoria@altabooks.com.br
Produtora Editorial Juliana de Oliveira		**Editor de Aquisição** José Rugeri j.rugeri@altabooks.com.br	comercial@altabooks.com.br	
Equipe Editorial	Adriano Barros Bianca Teodoro Ian Verçosa	Illysabelle Trajano Kelry Oliveira Keyciane Botelho	Maria de Lourdes Borges Paulo Gomes Thales Silva	Thauan Gomes Thiê Alves
Revisão Gramatical Amanda Meirinho Thamires Leiroza	**Diagramação** Jair Domingos	**Layout** Aurélio Corrêa	**Capa** Bianca Teodoro	

Erratas e arquivos de apoio: No site da editora relatamos, com a devida correção, qualquer erro encontrado em nossos livros, bem como disponibilizamos arquivos de apoio se aplicáveis à obra em questão.

Acesse o site www.altabooks.com.br e procure pelo título do livro desejado para ter acesso às erratas, aos arquivos de apoio e/ou a outros conteúdos aplicáveis à obra.

Suporte Técnico: A obra é comercializada na forma em que está, sem direito a suporte técnico ou orientação pessoal/exclusiva ao leitor.

A editora não se responsabiliza pela manutenção, atualização e idioma dos sites referidos pelos autores nesta obra.

Dados Internacionais de Catalogação na Publicação (CIP) de acordo com ISBD

R165m	Ramal, Silvina Ana
	Mulheres líderes e empreendedoras / Silvina Ana Ramal. - Rio de Janeiro : Alta Books, 2019.
	152 p. ; 14cm x 21cm.
	ISBN: 978-85-508-0272-5
	1. Administração. 2. Empreendedorismo. 3. Mulheres. I. Título.
2018-122	CDD 658.421 CDU 65.016

Elaborado por Vagner Rodolfo da Silva - CRB-8/9410

Rua Viúva Cláudio, 291 — Bairro Industrial do Jacaré
CEP: 20.970-031 — Rio de Janeiro (RJ)
Tels.: (21) 3278-8069 / 3278-8419
www.altabooks.com.br — altabooks@altabooks.com.br
www.facebook.com/altabooks — www.instagram.com/altabooks

DEDICATÓRIA

Ao escrever este livro, imagino os olhos femininos que percorrem estas linhas: vivos, brilhantes e interessados. São verdes, castanhos, azuis ou negros, mas todos zelosos, curiosos e analíticos. As sobrancelhas ora sorriem, ora arqueiam-se espantadas. Projetada nestas irmãs leitoras, sinto-me em casa. Parece que, refestelada no sofá, tomo um chá diante da lareira e converso com amigas queridas.

Logo eu que, durante muito tempo, me senti uma ET neste mundo. Este livro é a ligação da extraterrestre que volta para casa e encontra suas iguais. Há conforto e alegria nesta ideia de reunião. Somos uma legião que se espalha pelo planeta, formando uma enorme rede silenciosa, ousada, decidida, que ensaia novos passos na luta por igualdade, respeito e realização pessoal.

Os homens, é claro, são muito bem-vindos. Temos encontrado muitos aliados neste longo processo emancipatório. São amigos queridos e verdadeiros, parceiros nos estudos, no trabalho e na vida. Muitos já entendem e replicam o recado: o feminismo não é uma luta de mulheres contra homens, mas sim a favor de um modelo de igualdade que respeite as diferenças. Se você é um homem e se encontra hesitante, aí na porta da obra, entre e siga o percurso das ideias. Será também meu convidado.

SUMÁRIO

Et Phone Home!
Um pouco sobre mim xi

O poder feminino xxi

Compromisso 1 Reconheça seu valor 1

Exercícios do capítulo 13

Compromisso 2 Nunca se diminua 15

Exercícios do capítulo 20

Compromisso 3 Seja sua principal fonte de
felicidade e realização 21

Os modelos que recebemos 28

O eu dos meus sonhos 30

Exercícios do capítulo 34

Compromisso 4 Descubra do que você
realmente gosta 35

Chegou minha hora 38

Você gosta disso, meu amor?
Que coincidência, eu também!................. 39

Você também se mimetiza com
seus namorados?...40

Aprendendo a me agradar..........................41

Coisas que quero fazer enquanto
estou solteira.. 42

Exercícios do capítulo.. 45

Compromisso 5 Você não é perfeita..47

Exercícios do capítulo.. 54

Compromisso 6 Procure mentores...57

Planeje suas perguntas antes
do contato..61

Saiba ouvir.. 62

Não tenha vergonha de abordar
pessoas mais experientes...................................... 62

Não tenha medo do não............................... 64

Frequente eventos, construa
uma rede.. 64

	Seja disponível 64
	Exercícios do capítulo 65
Compromisso 7	Seja você mesma, assuma sua feminilidade 67
	Segurança, autoconfiança 72
	A feminilidade no local de trabalho 73
	Exercícios do capítulo 77
Capítulo Bônus	Competências para profissionais de sucesso 79
	1. Desenvolver lócus de controle interno 82
	2. Detectar oportunidades 84
	3. Ter uma boa relação com o risco 86
	4. Ter compromisso com qualidade e excelência 88
	5. Ter compromisso com o relógio 89
	6. Aprender a aprender 91
	7. Trabalhar de forma planejada 92

8. Lidar com números e dinheiro............95

9. Manter uma rede de relacionamentos ativa......................98

10. Ser uma pessoa de ação......................101

Exercícios do capítulo........................103

Capítulo Final As competências das mulheres
Vive la différence!..................................111

ET PHONE HOME! UM POUCO SOBRE MIM

ET phone home! Lembra do filme de Steven Spielberg, ET — O Extraterrestre? Trata-se de um simpático e doce ET que está na Terra por engano e quer voltar para casa.

ET phone home! Eu repetia mentalmente essa frase quando era a única mulher em uma sala cheia de homens empenhados em tratar de negócios. Muitas vezes era também a pessoa mais jovem do grupo. Para piorar, percebia que muitos me evitavam e fingiam não perceber minha presença. Contato visual? Nem pensar.

Em várias ocasiões o homem do outro lado da mesa oferecia claros indícios de que se sentia incomodado por eu usar vestido e ter cabelos compridos.

Muitas outras mulheres de minha geração sentiram-se ETs quando ingressaram no universo corporativo ou em esferas de poder tradicionalmente ocupadas por homens.

Essa sensação de desconforto não se devia exclusivamente aos olhares masculinos, surpresos, contrariados, desconfiados, paternalistas e até mesmo hostis. Devia-se também ao isolamento. Porque nenhuma dessas pioneiras, digamos assim, queria ser a única por lá. Faltava-nos uma amiga, como nos tempos da escola, a colega que ia com você ao banheiro ou à cantina.

ET phone home... Batia aquele desejo de voltar para casa. Mas... Que casa? Você leva muitos anos para se sentir segura e confortável em um mundo criado e moldado por homens.

Com o tempo acostumamo-nos à solidão e até mesmo aos semblantes sisudos daqueles que reprovam nossas incursões por estes ambientes. Sei que foi muito pior para a geração anterior à minha. Reconheço também, com orgulho, que estamos preparando o terreno para a próxima geração. É um esforço de semeadura que será recompensado. Em um futuro não tão distante as meninas de hoje encontrarão estruturas laborais menos intimidadoras. Estas profissionais serão menos desrespeitadas e assediadas, mais ouvidas e valorizadas.

Pisei no território das corporações um pouco mais tarde do que a maioria dos jovens de minha geração, porque, primeiramente, me graduei em Música, aos 21 anos de idade. Tornei-me bacharel em piano pela Universidade Federal do Rio de Janeiro (UFRJ). No dia da cerimônia de formatura, no entanto, me apresentei como solista da Orquestra Sinfônica de Porto Alegre, na Série Jovens Solistas, tocando o concerto em sol maior de Ravel. Por conta desse compromisso tive de pegar meu diploma em outra ocasião. Naquele tempo, meu grande e único sonho era ganhar uma bolsa para continuar os estudos de piano na Europa e fazer carreira como concertista.

A vida seguiu, não fui ao Velho Continente e, no ano seguinte, iniciei uma pós-graduação em Comércio Internacional. As razões dessa alteração de rota compõem uma longa história, que reservo para outro livro.

Foi com esse diploma de pós-graduação que comecei minha vida no mundo das empresas, ainda muito mais pianista do que executiva. Porém, tive que empreender a transição rapidamente. Aos 23 anos, fui promovida a gerente e tive minha primeira equipe, com dois subordinados (na verdade, mais amigos que subordinados), ambos praticamente da mesma idade que eu.

Aos 29 anos estava formada em Administração de Empresas e tornei-me assistente do presidente de uma multinacional canadense. Vivi um verdadeiro inferno e descobri que não tinha nascido para ter chefes. Precisava fazer as coisas do meu jeito, e só do meu jeito. Permaneci no cargo por apenas um ano.

Confesso que, na época, não lidei bem com o conceito de autoridade. Também enfrentei dificuldades para abrir mão das minhas convicções e ceder em negociações. Não sabia ainda que tinha todos os traços de uma empreendedora. Era imatura, sem dúvida, mas uma empreendedora nata ou "empreendedora serial", conforme descreveram uma vez.

Um ano depois, para alívio de meus chefes, concluí o mestrado em Aprendizagem Organizacional e, em sociedade com minha irmã, que concluíra um doutorado em Educação, abri minha própria empresa na Incubadora Tecnológica da PUC-Rio.

Criamos a ID Projetos Educacionais, empresa de educação por internet que depois se tornou uma consultoria em Educação Corporativa. Corria o ano de 2001 e estudar, namorar ou fazer compras pela internet ainda eram considerados costumes estranhos ou até mesmo inadequados.

Não foi fácil. Primeiramente, tivemos de convencer os clientes de que era possível estudar via internet para, em seguida, fazê-los acreditar em uma startup carioca.

As coisas, entretanto, funcionaram. No primeiro mês, fechamos um contrato com a Embratel para montar o curso de ambientação da empresa, totalmente digital. Em três anos, a ID explodiu. De repente, tínhamos 140 colaboradores, escritórios no Rio e em São Paulo, projetos em vários estados brasileiros e alguns no exterior. As maiores empresas brasileiras desenvolveram projetos de Educação ou Gestão da Mudança conosco.

Felizmente, no momento em que escrevo este livro, a ID continua atuando com sucesso. Atende clientes importantes com uma qualidade da qual muito me orgulho. Outro dado relevante: a empresa depende cada vez menos de mim.

Graças à autonomia da empresa, hoje posso ser investidora-anjo em empreendimentos e desenvolver projetos pessoais, como o que resultou neste livro.

Senti na pele as dificuldades que me levaram a buscar e compreender as ferramentas das quais trato a seguir. Tentei, errei, tentei novamente, errei, me corrigi, experimentei, até descobrir o ponto, aprimorar a fórmula e compreender o conceito. Houve sofrimento sim, até que pudesse trilhar o caminho com leveza, sabendo para onde ir. Doeu, mas valeu a pena.

As lições que você irá apreender a seguir são baseadas em pesquisas, estudos, pareceres de especialistas e conversas com mulheres de sucesso. Mas todo conteúdo é também validado pela minha experiência pessoal.

Começo o livro mostrando como é importante as mulheres reconhecerem o próprio valor e deixar que outras pessoas o reconheçam.

No começo da carreira eu me achava muito inferior aos homens com quem trabalhava. Eles sempre me pareciam mais espertos, diligentes e perspicazes. Partia do pressuposto de que eles sabiam algo que eu ignorava, de que eram mais hábeis ao resolver problemas. Na minha percepção, os chefes apreciavam mais suas ideias e propostas. Minhas sugestões, ao contrário, eram sempre ignoradas ou vistas de modo negativo. Assim comecei a considerar normal que, nas reuniões, minhas ideias nunca prevalecessem.

"Preciso aprimorar meu talento para expressar ideias e me aperfeiçoar na arte da persuasão," dizia para mim mesma na época. Nem me passava pela cabeça que o fenômeno de rejeição se devia ao fato de ser mulher.

Muitos anos depois (na verdade este ano, enquanto escrevia este livro) vim a descobrir o termo *mansplaining*. Que surpresa saber que existe uma palavra para descrever a tradicional prática discursiva dos homens. Quando eles assim procedem, empertigam-se e, de maneira condescendente e paternalista, explicam-nos alguma coisa óbvia ou já conhecida. Seja franca: isso nunca aconteceu com você? Essa intromissão explicativa pode ser feita pelo pai, irmão, colega de trabalho ou pelo marido.

Pois ingressei no mundo corporativo quando essa conduta ainda era mais comum e considerada natural. Nas visitas comerciais era normal sentir que não estava à altura do desafio. Na minha cabeça, a graduação em piano ressoava mais como um ponto fraco do que como uma referência de virtude e valor. "Imagina se eles descobrirem que você é formada em piano," temia eu, enquanto discutia estratégias de educação para empresas. Nessas horas, eu me sentia uma fraude.

Demorou muito para eu perceber que sabia tanto — às vezes menos, às vezes mais — quanto as pessoas do outro lado da mesa. Levou tempo até me convencer de que era uma especialista em empreendedorismo e educação, mesmo tendo uma primeira graduação em piano, que tentava esconder a qualquer custo.

Anos se passaram até entender que o estudo na área musical, longe de denunciar falta de foco, mostrava que eu era uma profissional versátil. Hoje digo com orgulho, sempre que posso, que sou bacharel em piano.

Quando você, mulher, inicia sua carreira profissional, os sinais parecem indicar que você não é boa o suficiente, e que cedo ou tarde vai cometer algum erro terrível. Infelizmente, esta insegurança tende a impregnar sua imagem feminina e influenciar atitudes.

Em compensação, a falta de confiança pode levar você a estudar mais, caprichar mais nas entregas, ser perfeccionista e minuciosa. Em várias ocasiões, assim que me tornei professora universitária, obtive a avaliação máxima dos alunos. Credito este resultado ao esmero com que preparava cada aula e à atenção que dispensava a cada estudante.

Quando você é mulher, logo se convence de que tem de entregar resultados em dobro, superando os homens na mesma posição. Além disso, crê que precisa aproveitar uma valiosa e rara oportunidade que lhe foi concedida.

Como veremos mais à frente, conquistar a autoestima, especialmente no campo profissional, é muito difícil em um mundo que diz o tempo todo, de maneira sutil ou escancarada, que as mulheres são inferiores e menos capazes.

No processo de amadurecimento, aprendi outra lição, resumida em três palavras: eu me basto. Não preciso me apoiar no masculino, seja em um marido, namorado, melhor amigo, chefe ou colega de trabalho. Não necessito da aprovação deles para tomar decisões importantes.

Aos poucos, abandonei o hábito de pegar o telefone e pedir opiniões sempre que precisava decidir qualquer coisa. "Vou tomar minhas próprias decisões", pensei, mesmo que sejam erradas. Estava cansada de ter que sofrer as consequências de escolhas equivocadas que nem sequer eram minhas. Pelo menos serei responsável por meus erros, e não dos outros.

Finalmente, veio a luta contra a culpa, essa companheira de longa data das mulheres. Expulsei-a da minha vida. Teimosa, ela tenta sempre recuperar seu lugar. Vivemos uma eterna briga: ela se empenha em arrombar a porta de casa, eu faço força para que permaneça do lado de fora.

Venci a culpa entendendo que não precisava ser uma supermulher. Na época em que lidei com esse sentimento, publicava livros freneticamente (foram onze no total) e fundei uma ONG para ensinar empreendedorismo em comunidades menos favorecidas. Lecionei a mesma disciplina no Uruguai e gravava os programas de televisão do Telecurso TEC da Fundação Roberto Marinho, sobre gestão de pequenas empresas e técnico em administração.

Ao mesmo tempo, geria a empresa, fazia exercícios regularmente em uma academia e seguia uma dieta rigorosa para manter a forma perfeita, embora nunca considerasse que meu corpo estivesse suficientemente esbelto ou bonito. Importante dizer que na época eu me achava um pouco gorda, mesmo pesando 53kg com 1,70m de altura. Também atuava como docente na PUC-Rio e na Fundação Getulio Vargas, além de participar da diretoria de duas associações de classe.

Finalmente, tentava ser presente na relação com a família e os amigos, ainda que eles sempre reclamassem de minhas ausências. Pelo que narrei, você deve ter percebido que havia mais atividades do que tempo hábil.

Definitivamente, não foi um período fácil em minha vida. O estresse me derrubou e me deixou de cama. A psicoterapia me ajudou a cortar atividades e reorganizar minha agenda, de modo que pude fazer menos coisas e tirar mais prazer delas.

Percebi que a obsessão por ser uma supermulher estava ligada à busca por aprovação. Mas afinal, qual seria o problema se os outros não me aprovassem? Não consegui encontrar uma resposta razoável para essa pergunta.

Portanto: você não é, e nem precisa ser uma supermulher! Ninguém, além de você mesma, está exigindo essa performance!

Finalmente, havia a luta contra o excesso de defesas internas e o empenho para adotar uma postura autoconfiante e segura na vida. O fato de ser mulher em um ambiente cheio de homens me levou a assumir uma personagem não tão autêntica. Eu queria me mostrar mais forte do que realmente era.

Depois de passar tantos anos defendendo um ser interior que se sentia frágil, criei uma espécie de falsa armadura. Mas, afinal, será que eu ainda precisava me proteger tanto? Na verdade, não! Ao contrário, tinha que me expor mais e assumir riscos calculados, sem tanto medo das consequências.

Um dia, vi meu reflexo no espelho e conheci uma mulher completamente diferente. Não era mais aquela jovem insegura que se sentia uma fraude, mais pianista do que administradora, sempre buscando desesperadamente a validação de todos.

Estava ali uma mulher madura, segura de si, convicta de seus sonhos e que sabia como atingir seus objetivos. Era feliz, autônoma e independente. Senti muito orgulho da mulher refletida. Naquele dia, obtive minha própria aprovação, a única de que realmente precisava.

A partir dessa experiência ganhei uma sensação sutil de felicidade constante. Mesmo que a vida não seja um mar de rosas, mesmo que todos os dias precisemos imitar Hércules na realização de seus doze trabalhos.

Foi nesse dia de autorrevelações que decidi escrever este livro e transformá-lo em um curso. Entendi que era importante passar adiante o que aprendera e acelerar o crescimento de outras mulheres.

Com muita humildade quero compartilhar com você, cara leitora, minhas percepções e aprendizados. Espero que a obra ajude a despertar a mulher de sucesso e formidável, que existe dentro de você.

O PODER FEMININO

Certa vez, em uma livraria, localizei um volume que tratava de mulheres poderosas. Abri-o ansiosamente. Ao correr os olhos pelas primeiras páginas, percebi que o principal objetivo da autora era ensinar as leitoras a conquistarem homens e manter relacionamentos felizes e equilibrados. Por sinal, era um livro muito bom...

Até alguns anos atrás esse tipo de triunfo romântico definia se uma mulher era ou não bem-sucedida.

Não vou falar sobre relacionamento homem-mulher nem de como seduzir um bom partido. Não tenho dúvida, porém, de que a mulher que descobre seu verdadeiro poder acaba desenvolvendo um magnetismo irresistível.

É para ela que todos os olhares se voltam, na festa de família, na convenção de negócios ou na competição esportiva. As paixões que desperta, entretanto, não estão vinculadas a um corpo perfeito, a longos cabelos ou a um rosto de boneca, mas ao magnetismo que exerce por cultivar uma relação de amor com sua própria alma.

Esse poder interior ao qual me refiro não é concedido a mulher por nenhum homem nem por qualquer outra pessoa, exceto ela própria.

Hoje, ao buscar a realização profissional, a mulher insere-se definitivamente no mercado de trabalho. Dessa forma, ela não somente exerce um direito como também cumpre um dever.

Sim, um dever. Não se impressione. Realizada em 2015, uma pesquisa da consultoria McKinsey estima que o avanço das mulheres no mundo do trabalho propiciará, em 2025, um crescimento de 12 trilhões de dólares no PMB (Produto Mundial Bruto, ou seja, o PIB da Terra). Você leu direito! São 12 trilhões! Detalhe: o PMB de 2015 foi de pouco mais de 74 trilhões, segundo o Banco Mundial.

Portanto, o mundo se desenvolve menos quando milhões de mulheres inteligentes e talentosas abdicam de seus sonhos para se dedicarem exclusivamente à gestão do lar e à criação dos filhos. Perdemos todos também quando elas se dobram ao medo e se submetem a funções subalternas nas empresas e instituições.

Sim, mulheres, esta é a conta de nossos receios, fraquezas e inseguranças. Se a fome vitima tantas crianças no mundo, se falta saneamento básico para centenas de milhões de pessoas e se a miséria ainda estimula a criminalidade, é também em razão dos obstáculos que impedem a mulher de assumir-se enquanto protagonista social. Assim é a dura realidade em culturas nas quais a mulher se põe ou é posta em situação de submissão, em condição inferior ao homem.

Ao contrário, quando a mulher tem espaço para realizar seu potencial, todos a sua volta se beneficiam e prova-se o quanto ela tem a contribuir para a sociedade.

No momento em que escrevo este capítulo, mulheres corajosas enfrentam o Estado Islâmico na região de Rojava, base de resistência dos curdos na Síria. Agem de forma decisiva, não somente ao tomar parte na luta armada, mas participando na gestão pública das áreas ocupadas. Batalham por uma sociedade democrática, pela tolerância religiosa e étnica, por meios de produção sustentáveis e também pela igualdade total entre gêneros.

Talvez você pense: qual o problema de querer ser dona de casa e mãe? E eu respondo: nenhum! Todo sonho merece respeito, especialmente quando é genuíno, brota da alma e não deriva de uma convenção social. Tenho uma amiga muito bem remunerada, que coleciona cargos de CEO em multinacionais. Em várias ocasiões, porém, ela confessou que não tem a vida que havia sonhado. Se pudesse escolher, gostaria de ser dona de casa, esposa e mãe.

Você pode pensar que estou jogando a culpa toda nas costas das mulheres, ignorando os duros desafios que enfrentamos na senda profissional. Não, é claro que não, até porque eu os vivi todos na pele.

O mundo ainda é muito machista, especialmente aquele voltado para a produção. Somos discriminadas, nosso valor é subestimado e, não raro, sofremos assédio sexual. O mundo do trabalho foi moldado pelos homens, para os homens.

Enquanto shopping centers no Brasil já têm vagas preferenciais para grávidas, quantos edifícios comerciais dispõem dessa facilidade? Quantas empresas preveem horários flexíveis de trabalho que se adaptem aos horários de amamentação? Quantas aceitam a realização das tarefas em casa (*home office*) para permitir que a mulher se mantenha próxima dos filhos pequenos?

Parece até que a reprodução da espécie ainda não foi compreendida como uma responsabilidade compartilhada. Parece que muitos ainda a encaram como um capricho de mulheres que teimam em fabricar bebês.

Dentro de casa também não é diferente. Muitos maridos aceitam que as mulheres trabalhem, desde que elas realizem todas as tarefas domésticas e cuidem dos filhos. Afinal, trabalhar fora parece ser para muitos uma veleidade de mulheres metidas a moderninhas e excêntricas. Pensam assim: "Tudo bem que faça cirurgias de coração, construa hidrelétricas ou guie um ônibus, desde que não descuide de suas tarefas prioritárias, como arrumar a casa e lavar minhas roupas."

Já tive várias funcionárias que acordavam cedo para preparar o almoço que levariam para a empresa. Depois, preparavam os filhos para o colégio, serviam o café, esticavam a roupa de cama, davam um jeito rápido na cozinha e só então partiam para o trabalho.

O que faziam os maridos enquanto isso? Nada! Arrumavam-se, pegavam a marmita e saíam. Ao chegar em casa, essas mulheres preparavam o jantar, ajudavam os filhos com os deveres escolares e, muitas vezes, ainda faziam a contabilidade doméstica. Enfim podiam dar alguma atenção aos maridos, que sentados diante da TV, reclamavam da falta de diálogo, carinho e/ou sexo. No fim de semana, essas heroínas sem capa e cintos mágicos lavavam roupa, faziam a limpeza mais pesada da casa e ainda cuidavam das compras. Quando tinham um tempo para si mesmas? Nunca!

O Código Comercial Brasileiro de 1850 já teve a maioria de seus artigos revogados. Mas vale a pena relembrar o artigo 1º., inciso 4, que lista todas as pessoas autorizadas a exercer atividades comerciais em nosso país, entre elas:

> "... —*As mulheres casadas maiores de dezoito anos, com autorização de seus maridos para poderem comerciar em seu próprio nome, provada por escritura pública.*"

No Código Civil de 1916, definiu-se que o homem era o responsável legal da família, cabendo a ele administrar os bens, mesmo que estes fossem da mulher. Segundo essa legislação, a mulher somente poderia exercer profissão ou trabalhar fora do lar se autorizada pelo marido.

Nessa época, a mulher não podia votar na maior parte do mundo. Participação política era coisa de homens. O primeiro Estado norte-americano a aprovar o voto feminino, de forma irrestrita, foi Wyoming, em 1869. Na Inglaterra, as mulheres acima de 30 anos, atendendo a exigências estipuladas em lei, foram autorizadas a escolher seus representantes a partir de 1918.

No Brasil, só conquistamos esse direito em fevereiro de 1932, através do decreto 21.076 do Código Eleitoral Provisório. Mas não foi uma gentil concessão dos homens. Para alcançar esse triunfo, muitas mulheres foram às ruas e debateram nos tribunais, como a baiana Isabel Dillon, a potiguar Celina Guimarães Viana e a mineira Mietta Santiago, que votou em 1928 amparada por um mandado de segurança. Em homenagem a essa última, o poeta Carlos Drummond de Andrade escreveu este lindo poema:

> Mietta Santiago
> loura poeta bacharel
> Conquista, por sentença de Juiz,
> direito de votar e ser votada
> para vereador, deputado, senador,
> e até Presidente da República,
> Mulher votando?
> Mulher, quem sabe, Chefe da Nação?

O escândalo abafa a Mantiqueira,
faz tremerem os trilhos da Central
e acende no Bairro dos Funcionários,
melhor: na cidade inteira funcionária,
a suspeita de que Minas endoidece,
já endoideceu: o mundo acaba.

Sabe o que foi também coisa de homens por muito tempo? O sexo e o prazer a ele associado. A sexualidade feminina foi radicalmente reprimida com a ascensão das igrejas monoteístas e a necessidade social da organização familiar, na qual a fidelidade da mulher é um pilar. Durante muitos anos a castidade foi uma exigência firmemente estabelecida para as filhas mulheres. Casar-se virgem era sinônimo de virtude. Impressiona-me ver que o antigo padrão continua a pesar sobre a consciência feminina. Para muitas adolescentes e jovens, a perda da virgindade está associada à desonra. Veja a própria construção da expressão. A mulher "perde" a virgindade, em vez de "debutar" na dimensão da sexualidade.

Outro dado interessante: o Brasil é um "país do futebol", não é? Por decreto, o Estado Novo, de Getúlio Vargas, proibiu às mulheres a prática de esportes considerados supostamente incompatíveis com as condições femininas. Era o caso do halterofilismo, do beisebol, das lutas e também do futebol.

Em 1965, o regime militar tornou a proibição expressa pelo Conselho Nacional de Desportos, pela Deliberação 07/65. Nada de futebol, nem de salão nem de praia. Era coisa de subversivas. Por incrível que pareça, essa deliberação somente foi revogada em 1979.

O que diriam todas essas pessoas se, olhando para o futuro, pudessem ver a Seleção Feminina de Futebol do Brasil, das talentosas Marta e Formiga, colecionar medalhas e títulos e tornar-se orgulho nacional?

Profissionalmente, as mulheres têm avançado, ainda que frequentemente em cargos inferiores e com remuneração menor. Comparativamente, mulheres ganham menos do que os homens, mesmo ocupando os mesmos cargos e gerando resultados iguais ou superiores para a empresa.

Segundo um estudo da Comissão Econômica das Nações Unidas para a América Latina e o Caribe (CEPAL), embora a diferença salarial entre homens e mulheres tenha diminuído 12,1 pontos percentuais entre 1990 e 2014, as mulheres da região recebem, em média, 16 unidades monetárias a menos que os homens. Ou seja, se o homem recebe 100, uma mulher recebe 84.

No grupo de maior instrução, com treze anos ou mais de estudo, a diferença aumenta. As mulheres chegam a ganhar 25,6% menos do que os homens em empregos semelhantes.

Analisado isoladamente, o Brasil repete o padrão. A Pesquisa Nacional por Amostra de Domicílios (PNAD), realizada pelo Instituto Brasileiro de Geografia e Estatística (IBGE), já atestou que as mulheres recebem, em média, 74,5% do valor dos salários dos homens no país.

Em 2015, apenas 4,4% das empresas listadas na revista *Fortune 500* tinham CEOs mulheres. No Brasil, o número teve um aumento expressivo, passando de 5%, em 2015, para 11%, em 2016. É um avanço, mas estamos distantes de uma relação equilibrada.

Especialistas apontam motivos para essa disparidade, como a dupla jornada de trabalho (em casa e no emprego), o preconceito e a incapacidade das empresas de lidar com o jeito feminino de ser.

Muitas mulheres de sucesso afirmam que, para conseguir a mesma promoção obtida por um homem, tiveram que mostrar duas vezes mais competência, trabalhar dez vezes mais duro e esperar muito mais tempo até que suas virtudes fossem notadas e recompensadas.

Não se trata de criticar os homens, diminuir seu valor ou acusá-los. Tampouco pretendo expor aqui qualquer tipo de frustração. Trato apenas da realidade, expressa em fatos e números. E ela ainda está repleta de injustiças, disparidades e distorções, mesmo em empresas que se dizem preocupadas com a valorização da mulher.

Esse livro se propõe a exaltar o talento feminino que durante a história da humanidade foi bastante invisibilizado. Porém, sem esquecer (ou minimizar) a importância da participação masculina em atividades técnicas e científicas que levaram ao progresso tecnológico. O mundo construído pela parceria entre homens e mulheres acelerou o processo civilizatório e, ainda que se tenha muito a conquistar, propiciou a inserção cada vez mais forte de mulheres em círculos produtivos. Tanto com relação à entrada em áreas tradicionalmente dominadas por homens, quanto na conquista por cargos mais elevados, em empresas e na vida pública.

Portanto, não se trata de competição, mas da busca por parcerias, pois as mulheres podem se sair muito bem em todas essas áreas de atividade. Se nossas reivindicações são legítimas, como vamos conquistar mais igualdade? Ora, apesar da lenta mudança, hábitos e costumes mudam, especialmente quando nos mobilizamos e movemos um tantinho a roda da história.

Em 1º de dezembro de 1955, por exemplo, em Montgomery, no Alabama, a costureira negra Rosa Parks resolveu quebrar um paradigma. Simplesmente se recusou a ceder a um branco seu lugar no ônibus. Seu ato rebelde, isoladamente, poderia ter sido esquecido. Quando sua demanda, no entanto, foi encampada por outros negros e brancos, por outras mulheres e homens, seu esforço iniciou um boicote de 40 mil usuários aos coletivos da cidade. A ação durou 381 dias. No ano seguinte, a Suprema Corte norte-americana considerou inconstitucional a segregação racial no transporte público.

Sozinha, nada posso fazer para mudar o mundo. Nem você pode. Mas esta conversa aqui, "dentro" de um livro, pode ajudar a mudar sua postura interior e fazer com que outras mulheres se conscientizem de seus direitos e de suas potencialidades. E aí sim podemos empreender grandes transformações na sociedade.

Os estudos mostram que, por mais que o ambiente externo seja adverso e espinhoso, nós mulheres impomos internamente muitas barreiras que freiam o sucesso profissional.

Em minha experiência de vinte anos como executiva, dona de empresa, professora e autora de livros de empreendedorismo, posso confirmar com conhecimento de causa que os obstáculos existem primeiramente dentro de nós, e é ali que devem ser vencidos. Rosa Parks, por exemplo, precisou derrotar seus próprios fantasmas, sua própria insegurança, para expor sua indignação com uma regra estúpida e sem sentido. Quando tomou coragem, fez acontecer e ajudou a mudar o mundo.

Mas como sair da caixa e arriscar-se em território aberto? Por meio do autoconhecimento, do estudo das tradições (das boas e das ruins), da adoção de novas posturas e da construção de novos comportamentos. Não devemos nos envergonhar de alterar procedimentos para fazer diferente e melhor.

No início dos anos 1960, durante a corrida espacial, uma mulher se atreveu a discordar dos técnicos homens e apresentar suas ideias em alto e bom som. Ao vencer seus medos e arrebentar suas correntes interiores, Katherine Goble contribuiu decisivamente para estabelecer modelos matemáticos que nos permitiram navegar fora do planeta. Seu trabalho de liderança técnica na NASA abriu as portas para que outras mulheres encarassem desafios nos setores de computação, engenharia e astronáutica. Mais do que isso, ela abriu novos horizontes para a humanidade.

Conforme escrevi acima, as mulheres são muito necessárias neste mundo. Não podemos desprezar tanto talento, inteligência e capacidade. Quando uma mulher se encolhe e se retira do palco dos acontecimentos, todos nós perdemos.

Por isso, este livro é sobre autoconhecimento e comportamento. Ele se propõe a revelar a mulher poderosa e realizadora que existe dentro de cada uma de nós.

Procurei reunir aqui o que aprendi não somente com o sucesso, mas também com os tropeços de minha trajetória e de dezenas de líderes, empreendedoras e gestoras mulheres com as quais convivi, aprendi e troquei ideias.

Este escrito propõe 7 compromissos. Empreguei a palavra compromisso porque essa mudança de atitude precisa ser gradativa, o que exige disciplina e exercícios diários. Pense no desenvolvimento muscular decorrente da ginástica. Ele não acontece da noite para o dia. Depende de esforço, aplicação e perseverança. Um empenho semelhante é necessário ao processo de empoderamento feminino.

Em um primeiro momento, este experimento pode parecer difícil, lento e até complicado. A prática cotidiana, no entanto, mostrará que não se trata de um bicho de sete cabeças. Se realizado com o coração aberto e o espírito livre do preconceito, certamente surtirá resultados e conduzirá você a grandes e inimagináveis conquistas. Tente!

MULHERES LÍDERES E EMPREENDEDORAS

COMPROMISSO

RECONHEÇA SEU VALOR

Reflexão:

O que leva uma mulher à incerteza sobre o benefício de uma promoção? Você já titubeou diante de uma boa oferta ou oportunidade? Por que hesitou?

[- - -]

Nicole é uma executiva de sucesso, que já ocupou por três vezes o cargo de CEO em grandes empresas. Ela me conta que os homens aceitam muito mais rapidamente uma promoção do que as mulheres. Veja abaixo seu depoimento:

> *Quando você promove um homem, é comum ele agradecer e declarar que dará seu melhor. Já a mulher é capaz de encher você de perguntas. "Você tem certeza de que estou preparada?" "Será que tenho experiência suficiente?" "Não sei se tenho todos os requisitos do cargo." "Você acha que vou me sair bem?"*

Não é a primeira vez que ouço um comentário desse tipo. Portanto, fica a pergunta: por que as mulheres têm tanto medo do sucesso e da ascensão profissional? Por que duvidamos tanto de nosso talento?

Ana Leticia é uma engenheira com excelentes resultados em uma função gerencial. Entretanto, relutou em aceitar o cargo. Necessitou, na verdade, de quinze anos de terapia para encarar com confiança um desafio dessa magnitude. A seguir, transcrevo o que me contou:

> *Desde criança vi o feminino ser diminuído na família. Meus dois irmãos eram convidados por meu pai para todas as atividades, desde assistir a filmes de terror na televisão até ir ao estádio de futebol, enquanto eu apenas ajudava minha mãe a arrumar a cozinha.*
>
> *Mais tarde, ingressei na faculdade e optei pelo curso de Engenharia. Meus irmãos fizeram Medicina, como papai, que se enchia de orgulho ao debater com os filhos questões profissionais. Sabe que meu pai nunca me ouviu sobre nada?*

Ele podia me perguntar sobre qualquer assunto. Podia, por exemplo, me indagar sobre como se ergue um edifício ou como se calcula a sustentação de uma ponte. No entanto, jamais tivemos uma conversa sobre o assunto. Quando ele se dirigia a mim, era para expor alguma suposta verdade, dizer o que fazer ou me dar uma ordem. É claro que estava orgulhoso de mim, mas eu ainda fazia parte do segundo escalão.

As decisões em casa eram tomadas por papai. Com o tempo, ele passou a debatê-las com meus irmãos. Parecia que só ele e seus dois conselheiros sabiam o que era melhor. Até hoje me sinto insegura para tomar decisões importantes. Acho que é a falta de prática. Muitas vezes vejo-me tentando imaginar o que meu pai faria em meu lugar.

Outro ponto importante era a relação com minha mãe. Papai sempre dizia que ela não sabia o valor do dinheiro, que desconhecia seu sacrifício diário para garantir o sustento da família. "Sua mãe nem sabe o preço do tomate na feira", afirmava. "Hoje em dia, é um luxo fazer compras sem saber o preço das coisas."

Dentro de casa, minha mãe sempre foi considerada uma inteligência menor, menos respeitada. Porém nunca me revoltei contra essa injustiça. Simplesmente, era o que era. Muitos anos depois, refleti sobre o fato de ela também ter se formado em Medicina e ter abandonado a carreira para cuidar da família. Hoje eu percebo a inteligência da minha mãe em pequenos gestos, nas entrelinhas do que dizia. Mas para mim permanece o mistério: por que ela ocultou, por tanto tempo, seus dons e capacidades?

Talvez você, como Ana Leticia, tenha vivido experiências nas quais o feminino foi diminuído, desprezado ou desrespeitado.

É possível que nem sequer tenha percebido, mas o efeito dessa desconsideração vai se mostrar no momento em que seus talentos forem desafiados. Possivelmente, você não vai se sentir à altura, capaz ou boa o suficiente.

O problema de Leticia se repete com milhões de mulheres em todo o mundo. Durante a realização de um estudo na Universidade de Illinois, nos Estados Unidos, os pesquisadores contaram a crianças de 6 anos uma história sobre uma pessoa muito, muito inteligente.

Em seguida, solicitaram que identificassem o protagonista da história. Dessa forma, exibiram quatro fotos diferentes: duas de mulheres e duas de homens. As meninas quase sempre escolheram os homens. Já nessa idade tendiam a considerar que os meninos eram mais inteligentes do que elas.

Mais adiante, nessa mesma pesquisa, os voluntários do estudo foram encorajados a escolher entre dois brinquedos: um destinado a crianças muito inteligentes e outro a crianças muito esforçadas. As meninas tenderam a escolher o brinquedo direcionado às esforçadas.

Segundo Lin Bian, doutoranda da Universidade de Illinois e uma das autoras da pesquisa, trata-se de um indício de que as garotas não se sentem capazes de enfrentar determinados desafios intelectuais. Se essa convicção se consolidar, suas escolhas futuras serão prejudicadas pela insegurança e pelo não-reconhecimento das próprias virtudes. É possível que esse estereótipo afaste jovens mulheres de atividades profissionais supostamente associadas à genialidade.

No Brasil, por exemplo, carreiras como Engenharia e Tecnologia da Informação, muito valorizadas no mercado de trabalho, ainda têm absoluta predominância de homens. Segundo o Censo do IBGE de 2010, no curso de Ciência da Computação, por exemplo, as mulheres compõem apenas 22% do corpo discente. No de Engenharia Civil e de Construção, elas são 28%.

Os dados mostram ainda que nos cursos de Ciências da Educação, Psicologia, Enfermagem e Atenção Primária, Terapia e Reabilitação e Letras/Português (língua materna/vernácula), o percentual de mulheres ultrapassa os 80%. O destaque é o curso de Ciências da Educação, com uma presença feminina de 91%.

A desvalorização do feminino não ocorre somente nas famílias tradicionais, regidas de forma severa pelo modelo patriarcal e machista. A sociedade, de forma geral, tende a validar esta visão deturpada da realidade.

Falemos, pois, de política. Nos Estados Unidos, Barack Obama, tido como um governante progressista, indicou sete mulheres para cargos importantes em seu gabinete. Os homens ocuparam dezesseis desses postos. Em 2017, no país mais poderoso do mundo, as mulheres ocupavam somente 19,1% das cadeiras da Câmara e 21% das cadeiras do Senado.

No Brasil não é diferente. No Legislativo, temos uma das taxas de participação feminina mais baixas do mundo. Segundo dados de março de 2017 da União Interparlamentar, ocupávamos a 153ª posição de um total de 193 países. Na legislatura vigente durante a produção deste livro, o número de deputadas chegou a 51, o equivalente a 9,9%. O número de senadoras passou a 13, uma fatia de 16% do total. O México, por exemplo, figurava em oitavo lugar, com 213 deputadas em um colégio de 500 representantes. A Argentina, em décimo quinto lugar, tinha 100 mulheres na lista de 257 deputados.

O Brasil teve uma presidente, Dilma Roussef. Nesse sentido, está à frente dos Estados Unidos, que nunca teve uma mulher no cargo desde 1776, quando se tornou uma nação independente. Também nunca houve uma mulher na Secretaria Geral das Nações Unidas.

A Alemanha, quarta economia do mundo, é liderada desde 2005 por uma mulher com doutorado em Físico-Química, com vasta cultura geral e defensora do livre mercado: Angela Merkel. Nem por isso escapou de críticas machistas. Depois de defender uma ação europeia em favor dos refugiados do Oriente Médio e da África, recebeu pesados ataques de seus adversários. Foi considerada uma mulher de coração mole, refém das emoções e que, com suas decisões, prejudicava a sociedade alemã.

Esse é um padrão comum de desqualificação das mulheres. Somos tidas como emocionais e pouco racionais, intuitivas demais, conciliadoras em excesso. Ora, não será que o conturbado mundo de hoje merece um pouco mais de "nossos defeitos"?

Voltemos, pois, à questão da supremacia masculina. Nos meios de comunicação, o paradigma se repete. Os homens geralmente aparecem como especialistas nos assuntos de maior relevância. São eles, na maioria, os âncoras, os editorialistas, aqueles que formam a opinião pública.

O relatório de 2017 do Women's Media Center[1], órgão norte-americano que monitora a participação de homens e mulheres nos noticiários, mostra que os homens mantêm a

---

[1] http://www.womensmediacenter.com/reports/the-status-of-women-in-u.s.-media-201

supremacia na produção de notícias. No período avaliado, eles responderam por 62,7% das notícias e dos artigos assinados; as mulheres, por 37,3%. A pesquisa inclui mídias impressas, televisivas e internet.

A diferença é ainda maior nos canais de televisão, nos quais 75% dos apresentadores, repórteres e correspondentes são homens. No jornal impresso, a diferença cai para 62% de homens contra 38% de mulheres. Nos canais de notícias da internet, a situação é um pouco melhor. Há até uma empresa, a Fox News, que tem um quadro dividido igualmente entre homens e mulheres. Mas em outros sites, como o da CNN, os homens ainda são responsáveis por 55% do conteúdo.

Outro dado relevante é sobre o material jornalístico acrescido de opinião. Segundo a pesquisa, os homens noticiaram, analisaram e comentaram 89% do conteúdo sobre esportes. O mesmo ocorreu nas editorias de política (66%), tecnologia (63%) e economia e negócios (60%).

As mulheres só tiveram uma leve superioridade como fornecedoras de conteúdo sobre estilo de vida (57%), educação (54%) e saúde (51%).

Agora, vamos pensar no dia a dia? Você verá que em várias situações as mulheres são inferiorizadas ou diminuídas. A relação abaixo apresenta exemplos do desprezo pelo feminino na vida diária.

- Piadas baseadas no mito de que mulheres são menos capazes na condução de veículos. Em nossa cultura machista, são comuns máximas como: "Mulher ao volante, perigo constante."

- Um amigo ou familiar precisa submeter-se a uma cirurgia e se assusta ou se incomoda quando descobre que uma mulher realizará o procedimento.

- Quando uma mulher se irrita ou discute, há geralmente alguém que a rotula como histérica ou descontrolada.

- Quando um casal chega a um posto de serviço ou oficina mecânica, o atendente geralmente se dirige ao homem, mesmo quando o veículo está sendo conduzido pela mulher.

- Em uma reunião de trabalho, a profissional apresenta uma boa ideia, mas é ignorada pelo grupo. Minutos depois, um homem repete a proposta que, então, é elogiada e aceita por todos.

- O executivo precisa do suporte de um membro da equipe em uma importante reunião. Assim, escolhe um homem, mesmo que ele não seja o profissional mais qualificado do departamento.

- A mulher que alcança o sucesso é frequentemente alvo de suspeitas. À boca pequena, comenta-se que se aproveita da proteção ou do favorecimento de um homem. Muitas vezes, insinua-se que tal figura seja seu amante.

- Quando a mulher comete um erro ou deslize, a crítica não tem por base a avaliação de suas competências profissionais específicas. Se errou, segundo a visão do preconceituoso, é porque é mulher.

- No caso de incompetência, negligência ou imperícia, a crítica personalizada se converte em condenação das mulheres em geral. Exemplo: "Ah, essa bandeirinha marcou um impedimento inexistente; mulher não dá para isso, não." Em relação aos homens auxiliares de arbitragem, no entanto, jamais se ouve que seus frequentes e escandalosos erros se devem à condição masculina.

- A partir de certa idade, mulheres solteiras são maldosamente chamadas de solteironas e inspiram anedotas sobre o porquê de não terem contraído matrimônio.

- Alguns maridos tratam suas esposas como empregadas, mesmo em público. Certa vez, durante uma reunião social, um homem ordenou à esposa: "Me traga uma cerveja." Ela, então, o atendeu prontamente. É louvável a troca de gentilezas entre marido e mulher quando se trata de atenção recíproca. Vale a atenção quando se emprega uma frase respeitosa, em tom suave, seguida de sincero agradecimento. Na frente dos filhos, de forma especial, exige-se uma conduta de carinho, civilizada, em que predomine a afeição e a cortesia.

- Pratica-se rotineiramente o chamado *gaslighting*, ou seja, o abuso mental e emocional por meio de artimanhas retóricas, pela distorção da realidade e pela ridicularização do argumento feminino. O termo tem origem no filme *Gaslight* (*À Meia Luz*), de 1944, dirigido por George Cukor e baseado na peça teatral de Patrick Hamilton. Na obra, o malvado Gregory (Charles Boyer) tenta fazer com que Paula (Ingrid Bergman) duvide da própria sanidade. Ela vê reduzir o brilho da iluminação da casa, o que realmente ocorre quando o marido utiliza o gás em outro cômodo. O pérfido Gregory, porém, atribui esta percepção à suposta loucura da mulher. Na prática do *gaslighting* a informação é adulterada, os fatos relevantes são omitidos e interpretações falsas são agregadas à análise. Em uma sociedade machista, as mulheres são vítimas preferenciais desse tipo de manipulação, praticada por maridos, namorados, pais, amigos e chefes. "Você está louca!": quem já não ouviu essa frase?

Apresento essas estatísticas, dados e exemplos para que você compreenda que não há nada de anormal nesta sensação de insegurança ou de inferioridade. A sociedade, por meio de hábitos, crenças e tabus, produz esses traumas. Desde a infância não vemos muitas mulheres em posições de destaque. Além disso, no cotidiano, assistimos a várias situações em que a mulher é diminuída, reprimida e até mesmo ridicularizada.

É por isso que na hora H, prestes a assumir um cargo importante, iniciar um grande projeto ou abrir um novo negócio, é normal que a mulher desconfie de si mesma, sinta-se uma fraude e julgue-se pouco merecedora de concretizar seus sonhos.

Espero que neste momento você se sinta aliviada, sabendo que essa insegurança é absolutamente normal, resultado de experiências traumáticas e da formação inadequada recebida ao longo dos anos. Não deixe, porém, que esses sentimentos gerem qualquer tipo de alienação. Mantenha a autoestima, valorize seus talentos e orgulhe-se de suas competências.

Ao final deste capítulo, quero que você olhe para si mesma e identifique seus potenciais. Toda mulher é capaz de executar as mais diferentes tarefas, algumas delas de forma simultânea. Todas nós temos talentos que podem ser descobertos, desenvolvidos e empregados na construção de uma bela história de vida.

Conhecer seu valor é importante não só para seu sucesso profissional, mas também para que você possa amar a si mesma e ser amada.

O exercício que incluí ao final deste capítulo irá ajudá-la nesse sentido.

Finalmente, o mais importante. Na próxima vez em que se sentir insegura diante de um desafio, avance. Não pense muito. Lembre-se que as pessoas que planejam alcançar o sucesso precisam se expor ao erro, à falha, aos problemas e às críticas.

Pessoas de carne e osso, sem superpoderes, tomam decisões erradas e voltam atrás. Também cometem erros que precisam ser corrigidos e, às vezes, devem se retratar, pedir desculpas e aceitar a bronca. São as pedras do caminho que fazem o aprendizado. Ninguém está livre do equívoco. Saiba que somente vai evoluir quem se dispuser a assumir riscos, aprimorando-se durante a trajetória.

Por isso, incorpore seu lado mais destemido e procure dizer SIM mais vezes para a vida.

Você tem um valor enorme, como todo ser humano. Tem inteligência, talentos, habilidades e experiências acumuladas. Por isso, você é única.

Acredite: há uma função, trabalho ou missão que precisa das suas habilidades! Encare o desafio. Você efetivamente pode mudar para melhor sua família, sua empresa, sua cidade e até mesmo este nosso mundo tão cheio de problemas.

EXERCÍCIOS DO CAPÍTULO

Liste todas as coisas que você faz com total segurança, sabendo que o resultado será positivo.

É administrar uma casa, uma entidade ou uma empresa? É educar? É fazer negócios? É inovar? É desenvolver alguma tecnologia? É treinar ou mobilizar pessoas? É interpretar dados? É produzir o bem para quem precisa? Afinal, no que você se destaca?

Sim, para uma ou mais missões, você tem o talento, o saber e a habilidade para obter êxito e fazer acontecer. É hora de descobrir-se. Mãos à obra.

COMPROMISSO 2

NUNCA SE DIMINUA

Reflexão

Se você recebesse uma homenagem, seria por quê? Escolha uma atitude, realização ou talento pelo qual você se considera merecedora de um prêmio.

[- - -]

Maristela é doutora em Antropologia, mas não se limita à vida acadêmica. Sua qualidade como profissional lhe rendeu convites para formular análises para programas de televisão. Em seguida, passou a colaborar com empresas de vários setores que precisam identificar tendências de comportamento.

— *Eu tive muita sorte.*

Digo-lhe que não foi obra da sorte, mas resultado do seu talento, aliado a profissionalismo e dedicação. Lembro-lhe ainda de que seu último livro ganhou um prêmio.

— *Prêmios não representam nada.*

Maristela, que pesquisa tendências, manifesta ela mesma uma tendência nas mulheres: minimizar suas conquistas e seus talentos.

— *Que nada! Ah, imagina. Generosidade sua...*

Será que alguma vez você recebeu um elogio e o rebateu com frases desse tipo, exagerando na modéstia?

Em seu livro *Faça Acontecer,* Sheryl Sandberg conta como se sentiu aterrorizada quando a revista Forbes, em 2011, a apontou como a quinta mulher mais poderosa do mundo. Na época, Sheryl era *chief operating officer* (COO) do Facebook. Segundo suas próprias palavras: "Longe de me sentir poderosa, me senti constrangida e exposta."

Quando os amigos postaram o link da reportagem no Facebook, ela pediu que o removessem. Se alguém a parabenizava, retrucava que a lista era ridícula. Foi quando sua assistente, Carol, a chamou para uma conversa privada e determinou: "Quando alguém lhe der parabéns, diga apenas obrigada." Segundo a conselheira de ocasião, fazer críticas à revista ou à lista somente demonstrava insegurança e denunciava desconforto em ter seu próprio valor reconhecido.

Eu poderia ter incluído este assunto no capítulo anterior, pois a insegurança é consequência natural da incapacidade de reconhecer o próprio valor. É, portanto, apenas outra face do mesmo drama: sentir-se incomodada quando outros o reconhecem.

Parece que nós, mulheres, sentimos vergonha quando somos bem-sucedidas e ganhamos destaque. Essa sensação de desconforto tem origem na forma como fomos educadas.

Segundo o senso comum, o termo ambicioso parece muito mais apropriado a um homem do que a uma mulher. Um homem jovem e ambicioso é sempre digno de admiração, em qualquer época e lugar. Imaginamos que sua ambição o levará a grandes conquistas. Mas definir uma mulher jovem como ambiciosa gera certo desconforto, como se suas legítimas aspirações fossem feias ou erradas.

O exercício do amor-próprio é muito malvisto quando ligado ao feminino. Afinal, as mulheres tiveram até hoje o papel fundamental de servir aos outros, ou seja, nutrir, amparar e proteger, especialmente no âmbito da família.

Como, então, uma mulher se atreve a desejar algo para si, e, pior ainda, como ousa conseguir?

Assim, quando recebemos um prêmio ou uma menção de reconhecimento, soa como se não estivéssemos cumprindo nosso papel natural. Parece um tipo de subversão, como se estivéssemos rompendo um contrato social, focando de forma ilícita em nossos próprios objetivos e interesses.

Como nos atrevemos a transitar em outros territórios? Como assumimos protagonismos em áreas predominantemente masculinas? É assim que se constitui a contradição no inconsciente coletivo. Então, sem razão lógica alguma, sentimos vergonha do sucesso. Funciona como se tivéssemos praticado uma peraltice. Ao receber elogios e prêmios, ficamos ruborizadas, constrangidas e amedrontadas. Feito crianças...

Também é possível que a mulher, mesmo obtendo grandes triunfos, sinta-se uma fraude. Em seu ouvido, uma voz intrometida sopra a condenação: "Existem homens muito mais capazes do que você, que poderiam ocupar seu lugar e executar de maneira mais primorosa esse trabalho."

E, assim, nos sentimos intrusas, um erro de cálculo do sistema, quase um *bug*.

Portanto, quebre o padrão. Na próxima vez em que receber um elogio, desfrute das palavras positivas, registre com atenção o eventual aplauso. Depois, responda simplesmente: muito obrigada. Caso se aflija com a ansiedade, respire fundo de três a quatro vezes. Mantenha a calma.

Procure também desenvolver o hábito de enaltecer a si mesma, identificando cada episódio de superação. Liste seus acertos, conquistas e realizações. Comemore-os!

EXERCÍCIOS DO CAPÍTULO

1. Sem gabar-se ou contar vantagem, conte a uma amiga ou colega de trabalho sobre essa experiência de autoconhecimento. Diga das qualidades que descobriu em você mesma. Pode ser uma daquelas que listou nos Exercícios do capítulo anterior. Sugiro fortemente que realize esse exercício em companhia de outra mulher. Conte como se sente feliz e satisfeita por desenvolver essas qualidades. Sem arrogância, abra seu coração.

2. Em seguida, encoraje sua amiga ou colega a fazer o mesmo. Explique que se trata do exercício proposto por um livro dedicado ao processo de empoderamento feminino. Lembre-se de ouvir a colega com muito respeito e devida atenção, valorizando os sentimentos dela.

3. Que tal assistir a **Estrelas Além do Tempo**, o filme sobre as três mulheres negras que foram fundamentais ao triunfo norte-americano na corrida espacial?

COMPROMISSO 3

SEJA SUA PRINCIPAL FONTE DE FELICIDADE E REALIZAÇÃO

Reflexão

Qual é seu maior sonho na vida? Quanto tempo de seu dia é dedicado a pensar nesse projeto?

[- - -]

Marcelle tem 37 anos e já é vice-presidente de Recursos Humanos em uma empresa de seguros. Seu salário e seu pacote de benefícios são superiores aos de boa parte dos homens com os quais convive.

No entanto, Marcelle não é feliz. Tem engordado e trabalha mais do que devia. Pergunto-lhe se está frustrada. E ela me responde com um sonoro não. Adora o que faz.

À parte os quilos a mais, Marcelle goza de perfeita saúde. Frequenta religiosamente a academia, joga tênis, assiste a todos os lançamentos do cinema. Está na plateia de qualquer ópera que estreie na cidade.

Marcelle tem dezenas de amigos dispostos a tudo por ela, inclusive eu. Se a conhecesse, você adotaria a mesma atitude. É uma pessoa especialmente querida.

Pela terceira vez, Marcelle entrou em minha sala, trancou a porta e começou a chorar.

— *Antonio terminou comigo.*

— *Qual o problema, Marcelle? Você nem gostava tanto dele.*

— *Eu quero me casar!*

Sim, este é o drama de Marcelle: ela quer encontrar um marido. Por vários motivos, sua vida amorosa não foi tão feliz. Ela enfrenta sérias dificuldades quando tenta consolidar um relacionamento. Acredito que sua ansiedade não deve ajudar em nada. Digo-lhe que na hora certa a pessoa certa vai aparecer.

— *Bobagem. Os homens não querem mais compromisso. Eles fogem de mulheres como eu. Recentemente, ouvi de um infeliz: "Não namoro mulher com mais de 30 anos, pois mulher nessa idade quer se casar."*

A gente poderia se perguntar: qual o problema se uma mulher pretende se casar? E mais: o que há de errado em cultivar esse desejo com mais de trinta anos?

Mas o que realmente me pergunto é: por que Marcelle procura um marido como quem procura um balão de oxigênio para continuar respirando?

Entendo que todos buscamos encontrar nossa cara-metade, ir ao cinema de mãos dadas, ter um pouco de romance na sexta-feira à noite. Mas o problema não é querer esse conforto romântico. Trata-se de uma questão mais complexa.

Quais são seus projetos? A qual propósito você pretende dedicar sua vida? O que fará você realmente feliz?

Muitas mulheres respondem a todas essas perguntas com duas palavras: namorado e marido. Talvez inconscientemente, invistam muito tempo e energia no sonho do namoro idílico e apaixonado. Esta história imaginada avança até uma elegante cerimônia de casamento e se conclui na formação de uma família feliz, daquelas que aparecem em comercial de margarina.

Você consegue assistir mentalmente a este filme. Primeiramente, o casal flerta em um jantar de gala. Depois, se abraça em uma praia paradisíaca. Na cena seguinte, o príncipe oferece um anel de noivado à sortuda donzela. Agora, a entrada na igreja; ela ricamente trajada, em seu vestido branco de longa cauda.

Os convidados, então, choram emocionados durante a execução da marcha nupcial. Segue-se a festa, na qual os noivos brindam com champagne. Passa o tempo e vem a primeira gravidez. E outra e mais outra. Agora, a família ampliada brinca no gramado de uma bela casa. Há um cachorro que parece sorrir de satisfação. À noite, todos juntos no sofá assistem a um vídeo sobre uma viagem à Disney. Lambuzadas de sorvete, as crianças abraçam o Mickey Mouse.

Muitas mulheres esperam que algum homem lhes proporcione esse tipo de vida, típico das comédias românticas. Acreditam que, seguindo esse roteiro, serão felizes, realizadas e completas.

Ora, mas quando foi que os homens ganharam toda essa importância na vida delas? Precisamos de uma breve explicação histórica para entender como as sociedades se tornaram predominantemente patriarcais.

Há evidências científicas de que a maior parte dos agrupamentos humanos pré-históricos, aqueles de caçadores-coletores, eram constituídos sobre um padrão de igualdade de gênero. Já no Neolítico (a Idade da Pedra Polida, lembra?), muitas comunidades agrícolas da Europa e do Oriente Médio eram geridas por mulheres. Essas sociedades eram geralmente pacíficas, toleravam a diversidade na orientação sexual e estimulavam a produção com ganhos compartilhados.

O conceito do patriarcado começou a se tornar hegemônico há cerca de seis mil anos. Está associado a episódios de invasão territorial, disputas por recursos naturais e exploração econômica dos vencidos. O modelo vigente até hoje, portanto, está diretamente ligado à cultura da guerra.

Ninguém nega a importância dos homens no desenvolvimento do mundo nos últimos mil anos. Também não cabe entrar aqui na discussão inócua sobre a suposta superioridade do padrão masculino ou feminino, posto que qualquer estudo antropológico sério mostra que somos complementares. O que, sim, quero entender é por qual motivo algumas mulheres ainda estabelecem como principal objetivo de vida estar ao lado de um homem.

Eu até entenderia essa posição em uma época em que as mulheres enfrentavam grande dificuldade para gerar renda e necessitavam de um provedor para lhes garantir meios de sobrevivência e prestígio social. Afinal, ainda hoje, conservam-se privilégios e facilidades para as mulheres que contraíram matrimônio, especialmente aquelas que a sociedade considera "bem casadas".

Mas o que dizer das mulheres que, como Marcelle, têm renda, status e respeito obtidos pelo próprio esforço?

Dentro de muitas mulheres, um disco arranhado repete a mesma dúvida e a mesma provocação:

— *De que adianta tudo isso que você conseguiu? De nada serve, porque você não pode ser feliz sem um homem a seu lado.*

Gerador de uma aflitiva incerteza, esse mecanismo age sorrateiramente no inconsciente feminino. Reproduz as pressões da família, da publicidade e dos meios de comunicação, que definem o casamento feliz como uma obrigação.

— *Rejeito permanecer como uma solteirona. Não quero que as pessoas olhem para mim com pena, enquanto pensam: coitada, essa aí não se casou* — prossegue Marcelle.

Já tratamos do drama das mulheres solteiras. Agora, falemos das casadas. Se o homem ainda é considerado um objeto de desejo e "está cada vez mais difícil de encontrar", é bem provável que algumas mulheres suportem relações abusivas, violentas e desiguais. Neste modelo, o homem tende a se sentir mais poderoso que sua parceira.

Muitas mulheres já me disseram que não existe solidão maior que aquela vivida em um casamento malsucedido. Outras tantas já vieram reclamar de que não encontram carinho, suporte, apoio, diálogo, interesse e parceria na relação com o marido. Sofrem e lamentam. No entanto, continuam casadas.

Antes que você feche o livro e resolva empenhar seu tempo em outra atividade, aviso que não pretendo pregar o fim do casamento, tampouco propagandear um movimento de mulheres solitárias e avessas à relação com os homens.

Procuro tão somente mostrar que a felicidade e a realização só podem vir de dentro de você mesma. Portanto, se você se sente incompleta porque não tem "alguém", tente completar-se por si mesma.

Antes de seguir a leitura, reflita por alguns instantes: o que você espera receber de um homem que a faça feliz?

Pensou bem a respeito? Pois bem, os benefícios que compuseram sua resposta são aqueles que você deve oferecer a si mesma.

Aqui vai um exemplo. Certa vez, assisti a um filme sobre um homem que, de surpresa, levava sua namorada para jantar em Paris. Pode existir coisa mais romântica? Fiquei babando com a sorte da personagem. Queria muito que alguém me levasse a Paris. Sabe o que fiz? Economizei dinheiro e eu mesma me levei à Cidade Luz. Chegando lá, me conduzi a um restaurante elegante. Sozinha. Foi uma viagem inesquecível. Não só porque fui muito feliz, mas porque descobri a meu lado uma pessoa que pode realizar meus sonhos: eu mesma.

O que isso tem a ver com um livro sobre mulheres de sucesso? Tudo! Compreenda que alcançar o sucesso dependerá de trabalhar com aquilo que ama, de desenvolver seus projetos e de perseguir seus objetivos. Porém, se sua meta for um homem, é provável que seus outros sonhos fiquem em segundo plano. Para a mulher que está presa a esse modelo de pensamento, é provável que a ausência do referencial masculino produza uma vida sem graça e apagada. Pode apostar que, agindo dessa forma, sua vida profissional será prejudicada.

Há outro detalhe importante nessa questão. Uma mulher realizada e contente consigo mesma exerce uma atração natural sobre os homens. Quando você conhecer alguém que a mereça, fale de seus projetos, conte de suas conquistas e narre suas aventuras. Provavelmente, você verá nos olhos dele um brilho de encantamento. Um bom parceiro saberá valorizar sua autonomia e jamais terá inveja de seu êxito.

Os casais felizes que conheço, em geral, são compostos por pessoas que se admiram mutuamente.

Os modelos que recebemos

Não se sinta diminuída se você perceber que coloca seu relacionamento afetivo ou a busca dele em primeiro lugar em sua vida. É o que muitas de nós fizemos ou continuamos fazendo. Afinal, fomos criadas nesse modelo de dependência. Tivemos mães submissas aos maridos. O pai era o astro da casa.

Esse paradigma é reforçado o tempo todo pela mídia. É o que prevalece nos filmes, nas novelas e nos livros. Confesso que durante muito tempo acreditei que o tal príncipe encantado seria a peça fundamental de minha felicidade. Então, passei a ter namoros sérios, nos quais pude observar meus parceiros com mais atenção. Exercitando-me no distanciamento crítico, comecei a me perguntar: será que eles têm mesmo o poder de me realizar como pessoa?

Percebi rapidamente que a resposta era não. E também, por que deveria colocar esse fardo nas costas de outra pessoa? Não quero me responsabilizar pela felicidade de ninguém, pois já tenho minha vida para cuidar. Desse modo, não devo esperar que outros se responsabilizem pela minha, não é mesmo?

Portanto, sugiro que você não dê tanto poder a um homem e que não o oprima com tamanha responsabilidade. Não proceda dessa maneira na época do namoro nem durante o casamento. Essa conduta vai deixá-la em uma situação de inferioridade e pode gerar um peso muito grande para ele.

É muito mais saudável construir uma relação em que cada um busca concretizar o próprio sonho. Se forem verdadeiros parceiros, unidos por uma base de igualdade, serão aliados, trocarão experiências e saberão apoiar um ao outro.

A vida se divide em muitas dimensões. Além da família e dos filhos, temos os desafios profissionais, a busca pelo conhecimento, o empenho na constituição de um patrimônio, o cuidado com a saúde, a atenção aos amigos, o trabalho comunitário e a experiência espiritual.

Não podemos investir toda a energia em apenas uma dessas dimensões, pois os outros projetos ficarão estagnados. Quase sempre esse tipo de fixação gera sofrimento e aborrecimentos. Esse tipo de atitude tornará sua vida vazia, repetitiva e pobre.

Pense: e se você apostar todas as suas fichas em um homem? Será prudente? E se ele um dia partir? Qual será o tamanho do desastre?

Perder um grande amor é terrível, mas acontece. Nem sempre depende de nós. Entretanto, algumas mulheres superam mais facilmente esse tipo de revés. Superam porque encontram forças no trabalho, vida intelectual, busca de aprimoramento espiritual, conversas com amigos e atividades em organizações sociais.

Portanto, nada de encenar o papel da princesa trancada na torre do castelo. Nada de jogar as tranças e esperar que um homem salvador venha resgatá-la. Recuse essa vida sem graça. Dê você mesmo sentido a sua vida.

O eu dos meus sonhos

O caminho para ver-se como fonte de toda felicidade e realização começa quando você consegue visualizar quem quer ser. Veja o exemplo de Mariana para, em seguida, elaborar seu próprio planejamento.

Mariana fez esse exercício há cinco anos em um workshop experimental de planejamento pessoal que ministrei para um pequeno grupo de executivas. Pedi que se imaginassem felizes e realizadas em um tempo futuro, cinco anos adiante. Como seria essa pessoa?

A Mariana do futuro continuava gerindo uma empresa de propaganda e marketing, mas trabalhava mais fortemente com marketing digital. Para tornar-se uma especialista, fazia cursos de atualização e realizava pesquisas sobre o tema. Mariana percebeu que gostaria de fazer algum trabalho social, pois ajudar pessoas lhe fazia muito bem. Assim, decidiu que dez horas de seu trabalho por mês seriam dedicadas a promover ações de marketing para instituições sem fins lucrativos.

Com relação à vida pessoal, Mariana avaliou que provavelmente ainda seria uma pessoa ausente. Sua família e seus amigos reclamavam constantemente do pouco tempo que tinha para eles. Embora considerasse as expectativas deles irreais, sabia que podia fazer melhor. Percebeu que sempre prometia a si mesma: vou ligar para minha mãe quando tiver um tempinho. Só que ter um tempinho acontecia raramente. Se os compromissos profissionais tinham dia e hora certos na agenda, por que não fazia o mesmo com família e amigos? Foi assim que as pessoas queridas ganharam dias fixos para os encontros, com tempo de duração previamente estabelecido.

No entanto, a vida social não poderia inviabilizar seu desenvolvimento no campo da espiritualidade, experiência que Mariana sempre levou muito a sério. Cuidar de si mesma tornou-se prioridade. Portanto, reservou na agenda horários dedicados especificamente às orações e meditações.

Veja como ficaram as metas de Mariana:

Fazer um curso de especialização em marketing digital.

Continuar investindo no crescimento de minha empresa, mas com foco na área digital.

Definir horários específicos para o convívio com a família e os amigos. Cumprir, de fato, essa agenda.

Dedicar dez horas mensais ao trabalho gratuito para ONGs.

Manter de forma inegociável os horários reservados para o convívio comigo mesma. Aproveitar este tempo para orar, meditar e realizar meus estudos religiosos.

Continuar a praticar exercícios regularmente.

Dedicar tempo de qualidade para um relacionamento afetivo.

Essa é a pessoa que Mariana gostaria de ser. Assim, poderia sentir-se orgulhosa de si mesma e feliz. Ela resumiu dessa forma seu ideal de aprimoramento.

— *Não é a mulher mais incrível, não é a Mulher Maravilha, não é a pessoa mais espetacular do planeta. É simplesmente a mulher que quero ser, que tenho prazer de ser e que, pessoalmente, acho o máximo.*

Ao definir a si mesma, porém, Mariana emprestou à voz um inequívoco tom de desculpa, como se estivesse se justificando. Pedi, então, que repetisse a frase para todo o grupo, em voz alta, mas desta vez com orgulho.

Ao final, todas nós aplaudimos a Mariana que estava nascendo ali e, como mulheres que somos, derramamos algumas lágrimas e nos abraçamos.

O que aconteceu cinco anos depois? Recentemente fizemos um balanço. Bem, a vida não é tão precisa quanto planejamos, mas Mariana está satisfeita com o resultado. O tempo para a família e os amigos foi mais respeitado do que o tempo definido para seu desenvolvimento espiritual.

As metas profissionais foram totalmente cumpridas. A área de marketing digital foi criada na empresa, mas Mariana ainda luta para conquistar clientes e consolidá-la. O compromisso relativo aos exercícios físicos foi cumprido em parte.

Durante três anos, manteve-se ativa. Depois, parou por quase dois. Enquanto escrevo este livro, ela está se esforçando para retomar a atividade regular.

O trabalho social foi realizado muito esporadicamente. A meta nos próximos cinco anos é pesquisar e selecionar uma instituição com a qual possa cooperar, pois ela ainda não encontrou uma com a qual tenha afinidades.

O motivo pelo qual Mariana me convidou recentemente para um café? É porque ela acabou de conhecer um homem, iniciou o namoro, está muito apaixonada e tem medo de abandonar toda sua organização de vida. Disse-lhe que não convém fugir de relacionamentos para manter uma rotina constituída de regras rigorosas.

— *Procure reorganizar sua vida de forma harmoniosa, de modo a acolher o novo amor e manter seus projetos pessoais* — *aconselhei a ela.*

— *Esse pensamento estará presente quando eu traçar as metas dos próximos cinco anos* — *concordou Mariana.* — *Sabe que meu namorado adorou esse sistema de se imaginar daqui a cinco anos e estabelecer metas? Faremos o próximo juntos. Cada um vai ter seu planejamento individual. Depois, vamos criar um para o casal. Romântico, não? Acho que ele está com intenções sérias.*

Manifesto minha concordância. Traçar um plano em conjunto é sempre uma boa iniciativa. Além disso, demonstra que o rapaz está mesmo firme no relacionamento. Mas o principal é que Mariana sabe quem quer se tornar daqui a cinco anos. Sozinha ou acompanhada, ela vai continuar sua caminhada em busca da felicidade.

Vamos então às atividades do capítulo.

EXERCÍCIOS DO CAPÍTULO

1. Quais contribuições, benefícios e prazeres você gostaria que um homem (ou um amor romântico) trouxesse para sua vida? Liste-os.

2. Para cada item apontado como resposta à questão anterior, explique como você mesma poderia proporcionar essas coisas a sua vida. Por exemplo, se você escreveu que poderia fazer viagens românticas com um novo amor, pense em um tour inesquecível que poderia fazer sozinha, em um grupo de excursão ou com amigas e amigos.

3. Experimente um exercício mental: como é você feliz e realizada? Inspire-se na narrativa sobre Mariana, que apresentei no final do capítulo.

4. Agora, trace metas para os próximos cinco anos. Depois, para um ano. Com base nesse planejamento, estipule metas menores para cada um dos próximos doze meses.

COMPROMISSO

4

DESCUBRA DO QUE VOCÊ REALMENTE GOSTA

Reflexão

Do que você mais gosta? Não vale dizer que é ver os outros felizes. Pense em si própria, em algo que vai lhe proporcionar alegria, prazer e diversão.

[- - -]

Este capítulo tem estreita ligação com o anterior. Você verá que os assuntos se complementam. O relato abaixo é de Manoela, diretora de um banco de investimentos. Pedi para incluí-lo no livro porque a considero uma mulher segura de si e feliz.

> *Há cinco anos, numa sessão de psicanálise, a terapeuta me perguntou: "Do que você gosta?"*
>
> *Fez-se um branco em minha cabeça. Não consegui determinar nada de que realmente gostasse: nem uma comida nem um programa de TV, nada. Naquele momento percebi que tinha dedicado toda a minha vida a outras pessoas.*
>
> *Nunca fui uma criança, como se diz, cheia de desejos. Sempre me conformei com as coisas. Mesmo quando íamos a um restaurante, alguém sempre fazia meu pedido. E a verdade é que essa pessoa parecia adivinhar o melhor prato.*
>
> *Não era só a comida nos restaurantes. Alguém sempre decidia o que faríamos no fim de semana, onde iríamos passear, a que filme assistiríamos. Tampouco me lembro de ter escolhido os esportes que pratiquei ou os cursos que fiz.*
>
> *Só comecei a participar das decisões relativas a minha vida quando completei 18 anos. Esse modelo de submissão à opinião dos outros, entretanto, seria mantido.*
>
> *Aonde vamos? Aonde vocês quiserem. O que vamos comer? Qualquer coisa, pois gosto de tudo. Você prefere um filme de ação ou uma comédia romântica? Ah, eu gosto de todo tipo de filme. Escolha você.*

Eu sentia muito prazer em fazer as outras pessoas felizes. Agradar aos outros era uma forma que tinha de agradar a mim mesma.

Naquele dia saí da sessão com um dever de casa: descobrir do que eu realmente gostava.

Quebrei a cabeça. Contudo, de repente, me veio uma ideia. Sorvete! Sim, eu gosto de sorvete. Este é um gostar genuíno meu. Timidamente, outras ideias começaram a surgir: ir ao salão para fazer escova no cabelo, receber massagem, assistir a filmes de suspense, ler livros de autoconhecimento. Aos poucos, a lista só fazia crescer. A menina tímida que tinha vergonha de expressar seus desejos logo se transformou em uma adulta exigente, tentando compensar anos de vontades represadas.

Chegou minha hora

Outro passo importante foi descobrir que poderia fazer muitas coisas sozinha. Não, na verdade, não precisava ter um namorado para ir ao cinema. Nem precisava da companhia de uma amiga para assistir àquele filme que concorreria ao Oscar.

Como poderia liderar uma reunião de negócios, se não tinha coragem de pedir um prato em um restaurante? Foi assim que comecei a almoçar e jantar sozinha, sob o olhar curioso de outros frequentadores.

Aqui vai uma sugestão. Se for almoçar ou jantar sozinha, evite sextas-feiras e sábados à noite, bem como domingos na hora do almoço. Essa aventura é para alunos avançados. São os horários em que sua presença solitária vai despertar mais curiosidade, entre outros sentimentos.

O prazer de minha própria companhia foi crescendo ao longo do tempo. Atualmente, há situações em que prefiro assistir sozinha a um filme. Assim, chego ao ponto de arranjar uma desculpa qualquer para evitar a companhia.

Sim, pode parecer um tanto estranho, mas se você amar muito sua própria companhia vai entender do que estou falando.

Quer dizer que vou abdicar de ter namorados? Claro que não! Significa que quando eu sair com um namorado (ou até uma amiga) essa pessoa vai ter certeza de que estou em sua companhia porque realmente quero, por prazer, e não por necessidade ou dependência.

Você gosta disso, meu amor? Que coincidência, eu também!

Meu melhor amigo adora comida tailandesa e também é bastante inconstante em seus namoros. Geralmente, eles duram apenas alguns meses. Veja que incrível coincidência: as últimas três namoradas dele também amavam comida tailandesa.

Outro amigo meu adora um doce de banana com suspiro, que eu sinceramente considero intragável. Tem açúcar demais, é enjoativo.

Não estranhei quando, ao fim de um jantar, sua namorada manifestou uma preferência:

— *Amor, estamos perto daquela loja que tem o nosso doce de banana! Vamos comer a sobremesa lá? Estou com saudades do meu doce predileto.*

Você também se mimetiza com seus namorados?

Algumas amigas fizeram uma curiosa transição: haviam assimilado o gosto dos pais e, mais tarde, passaram a compartilhar das predileções dos namorados.

Muitas tornaram-se de esquerda, liberais ou politicamente conservadoras, mas somente quando começaram a namorar. Outras passaram a se declarar ateias.

Tenho muitos amigos nerds, por ser eu mesma meio nerd. De uma hora para outra observo as namoradas deles começarem a postar no Facebook notícias sobre tecnologia e avanços científicos. E eu me pergunto, embasbacada, se sabem mesmo do que estão falando.

Bom, até aí, tudo bem. O que não tolero mesmo é que se finjam de fãs de *Guerra nas Estrelas*. Não admito que usem a Saga, a grande Saga, como instrumento para agradar namorados. É uma heresia, uma profanação.

Particularmente, nunca me mimetizei com namorados. Na verdade, eles é que acabavam incorporando gostos meus. Passaram a apreciar carne gordurosa e malpassada (que recentemente tirei do cardápio, pois faz muito mal à saúde e não combina com meu amor pelos animais), bossa nova, música clássica e cinema europeu.

Acredito que todos os meus namorados foram a shows de Chico Buarque, Djavan, Paulinho da Viola e outros de meus artistas preferidos. Sim, eu tenho gostos pessoais.

Os homens adoram porque aprendem comigo. Mas é claro que eu faço incursões pelo mundo deles. Aprendo com suas experiências e enriqueço meu repertório.

Se você tem o costume de se mimetizar com os homens de sua vida, o depoimento de Sandra vai estimular uma reflexão sobre esse comportamento.

Aprendendo a me agradar

Eu ministrava um workshop experimental de planejamento de vida, situação na qual éramos todas amigas íntimas, quase irmãs.

Ao meu lado, Sandra agitou-se na cadeira quando Ana revelou que gostaria muito de ter um namorado carinhoso e parceiro.

— *Nunca encontrei um homem que fizesse carinho no meu cabelo enquanto assistíssemos à televisão. Jamais encontrei um que fosse solidário para dizer algo do tipo: "Ana, sei que você é capaz e vai superar todos os problemas no trabalho."*

Sem pestanejar, Sandra interveio e perguntou:

— *E você: é carinhosa consigo mesma? Você se apoia?*

Nossa! Ela foi certeira! Eu sei que Ana tinha o costume de pronunciar palavras horríveis para si mesma. Tratava-se de uma pessoa muito exigente. Se cometia um deslize no trabalho, por exemplo, ofendia a si mesma, colando sobre si os rótulos de burra, irresponsável, ingênua e idiota.

Sua insatisfação com o sexo oposto poderia ter origem em problemas de autoestima e autoconfiança. Pensei que antes de sonhar com um namorado carinhoso, que a apoiasse, ela precisava ser mais carinhosa consigo mesma, mais parceira de si.

Naquele momento narrei ao grupo a experiência que vivi durante um workshop de meditação. Como durava o dia todo, os organizadores pediram que levássemos nossa própria comida.

Por volta do meio-dia, o professor determinou que oferecêssemos a um colega de curso nosso próprio almoço, e vice-versa. Passei muita vergonha, porque tinha levado uma maçã e uma água de coco. O rapaz que recebeu meu lanche passou fome a tarde toda. Em troca, presenteou-me com um belo sanduíche de legumes, uma salada de frutas com mel e suco verde. Ganhei um banquete.

Mas qual foi meu aprendizado naquele dia? Quando tinha que preparar um lanche para alguém, eu me esmerava. Porém, quando o lanche era para mim, pecava pela falta de zelo e capricho. Desde então, passei a cuidar melhor das minhas refeições, como se eu fosse a minha convidada, todos os dias.

Coisas que quero fazer enquanto estou solteira

Foi incrível o que Sandra, essa mulher que muito admiro, compartilhou conosco no workshop. Antes, vale dizer que ela é CEO de uma conceituada empresa e lidera mais de dois mil profissionais espalhados em cinco países. Vamos contar sua história.

Sandra havia se separado depois de dez anos casada. Reproduziu para nós, então, o que pensou na época.

— *Tenho certeza de que vou me casar de novo, só não sei quando. Farei deste período em que estou sozinha uma dádiva, um presente. Quero aproveitar cada segundo.*

Para usufruir melhor do período de solteirice, Sandra elaborou uma lista que intitulou: *Coisas que quero fazer enquanto estiver solteira.*

Quando se casou novamente, cinco anos depois, tinha cumprido quase dez itens do elenco de trinta. Exibo abaixo a relação dos desejos que ela conseguiu realizar. Com sua autorização, reproduzo essa preciosa lista.

> *Uma viagem só com amigas mulheres.*
> *Curso de vinhos.*
> *Organizar festa em um ônibus.*
> *Entrar em uma boate (depois de quinze anos!), mesmo que saia depois de cinco minutos. Aff!!!*
> *Conhecer o Pantanal.*
> *Comer um acarajé numa barraca de baianas.*
> *Experimentar sorvete de cupuaçu (chega de coisa de comida!).*
> *Fazer um perfil no Facebook para meu gato.*
> *Me matricular em dança de salão (ou samba?).*
> *Me dar um presente da loja Imaginarium (amooo).*

Elaborei meu próprio elenco de aspirações, mas não o associei ao período de solteirice. São apenas coisas que pretendo fazer nesta vida. Segue a foto de minha lista atual.

> *Promover ou ir a uma festa anos 1980.*
> *Aula de dança de salão.*
> *Conhecer o Pantanal.*
> *Fazer um curso com Deepak Chopra.*
> *Começar ioga.*

Essas são as que já realizei.

Conhecer Lima, no Peru.
Aprender mais receitas vegetarianas.
Caminhar regularmente durante uma hora.
Fazer um grupo de amigos no meu novo bairro.
Voltar a tocar piano.

Faltou justificar por que estou tratando novamente de gostos pessoais e divertimento em um livro que pretende levar as mulheres ao sucesso.

Ora, você não vai se tornar uma mulher segura e autoconfiante se nem mesmo é capaz de decidir sozinha entre um sorvete de chocolate e uma torta de queijo.

Apoiar-se no masculino para tomar as decisões, mesmo as mais simples, como qual será o programa da noite, pode tornar-se um vício tremendamente destrutivo. A mulher que age dessa forma se sentirá muito insegura quando tiver que tomar iniciativas.

Há quem diga, com razão, que a liderança e o sucesso são provavelmente os lugares mais solitários que podem existir. E quanto mais alto se chega, maior é a solidão.

Dessa forma, caso você se torne uma líder importante ou empreendedora, seu trabalho diário consistirá principalmente em tomar decisões, consultando apenas a própria consciência, valendo-se unicamente de seus conhecimentos.

Algumas destas ações influenciarão não somente os subordinados, mas também suas famílias. Outras gerarão impactos no mercado, na comunidade, talvez até mesmo no país. Se hoje o ambiente é de mudanças constantes, você terá de agir com rapidez e assumir a responsabilidade por seus atos. E saiba que muitas vezes não poderá consultar ninguém nesses momentos cruciais.

Outro ponto importante nesta questão: todas as pessoas realmente bem-sucedidas que conheci se amavam e se conheciam profundamente. Cultivavam a virtude de admitir erros, corrigir-se e aprimorar-se. Sabiam com que tipo de pessoa queriam estabelecer parcerias, dentro e fora do trabalho. Haviam identificado o que desejavam para si mesmas e para o mundo. Tinham definido, pois, o que as fazia felizes.

Essa certeza a respeito dos assuntos da vida era transportada para o trabalho, ambiente no qual estabeleciam rumos, sem grandes hesitações. Tomavam essas iniciativas com tranquilidade e segurança, como ocorre quando convido meus amigos para um show do Chico Buarque. Sei que é quase impossível que um deles se decepcione com o espetáculo.

EXERCÍCIOS DO CAPÍTULO

1. *Faça sozinha programas que normalmente faria acompanhada. Não vale buscar a companhia de amigos ou parentes. É totalmente sozinha, para valer. Seguem algumas sugestões:*

   Jantar em um restaurante fino.

   Ir ao cinema ou ao teatro.

   Ir à praia.

2. Depois, pense em algum roteiro que faria sozinha, rotineiramente. Eu, por exemplo, adoro ir ao cinema. Depois, compro um livro e leio algumas páginas no café da própria livraria, com um belo cappuccino na minha frente. Não precisa me copiar. Você pode fazer o que quiser. Ir a um espetáculo de balé, assistir a um Fla×Flu no Maracanã, conhecer uma fazenda sustentável ou participar de um encontro de admiradores de mangás e animes. Depois, pode passear no parque de diversões, tomar um chá com a tia Ermengarda e, por fim, em casa, deitar-se em sua cama e ouvir a nona sinfonia de Beethoven ou o álbum **Fina Estampa**, do Caetano Veloso. Você decide!

    Invente um ritual para você!

3. Como seria sua vida se estivesse solteira e se sentisse muito feliz? Descreva.

4. Como inserir as coisas de que você gosta em um relacionamento a dois? Essa inserção seria benéfica para a relação? Reflita. Depois, escreva a respeito.

COMPROMISSO

5

VOCÊ NÃO É PERFEITA

Reflexão

Você considera que acumula atividades e responsabilidades excessivas em sua vida? Explique sua situação.

[- - -]

Renata é a principal executiva da empresa de sua família, uma construtora de médio porte no estado de Goiás.

Ela acorda diariamente às cinco da manhã para fazer exercícios com seu *personal trainer* e manter um corpo perfeito. Em seguida, toma café com os filhos e os leva ao colégio. Procura sempre jantar com a família, mas de vez em quando chega tarde porque precisa visitar os sogros ou seus pais, que enfrentam problemas de saúde. Despende seu tempo também com duas tias que contam com sua assistência.

Além do trabalho na empresa, Renata aceitou a presidência de uma entidade de classe, atividade que lhe toma mais algumas horas do mês.

— *Minha vida é administrar insatisfações. Meu marido se irrita se chego tarde, porque não dá conta das crianças sozinho. Ele também se queixa do pouco tempo que temos como casal. Meus pais ficam tristes se não os visito; meus sogros e minhas tias idem. Estou ignorando outros públicos que mereceriam minha atenção. Minhas amigas reclamam que estou sumida. A diretora do colégio se queixa sempre que perco uma reunião de pais. Ah, sim, já ia esquecendo: tenho uma empresa com trinta empregados para gerir. Não importa a divisão do tempo em minha agenda, pois sempre alguém vai ficar insatisfeito comigo.*

"Fala com a Renata porque ela é quem resolve": é a frase que se converteu em um mantra na família e na empresa.

Digo à dedicada executiva que, na verdade, as pessoas deveriam valorizar seu enorme esforço e tentar ajudá-la, assumindo algumas de suas tarefas.

Talvez você tenha se identificado com nossa amiga. Será que também assume mil encargos e luta para ser perfeita?

As mulheres querem ser lindas, esbeltas, em forma, supermães, superprofissionais, superfilhas, superesposas. Mas por que temos de ser tão perfeitas? A conceituada psicóloga e escritora canadense Marion Woodman afirma que, quando criança, a mulher frequentemente busca ser a menina perfeita do papai. Depois, transfere essa obsessão para outros relacionamentos. Tenta converter-se na parceira perfeita do marido, do chefe, dos amigos, dos filhos, buscando a aprovação de todos a sua volta.

Uma pesquisa realizada nos Estados Unidos pela empresa Care.com, a maior no setor de cuidados com idosos e crianças, revela que, em razão do estresse, 25% das mães trabalhadoras choram uma vez por semana.[1]

A causa é a desesperada busca do desempenho exemplar em todas as dimensões da vida. Sofrem por passar tempo demais longe dos filhos, pela dificuldade em conciliar tantas atividades e, sobretudo, por não atingir o grau de perfeição idealizado.

A mesma pesquisa mostra que 29% dessas mães que choram poderiam recorrer à ajuda profissional, contratando babás ou cuidadoras. Rejeitam essa solução, no entanto, porque se sentem culpadas por delegar funções.

Das mães entrevistadas, 80% se sentem estressadas por terem que compatibilizar as responsabilidades profissionais e as familiares. Em média, elas dedicam 80 horas do mês aos afazeres domésticos, realizados após o expediente de trabalho.

---

[1] http://www.huffingtonpost.com/2014/10/24/workingmomscry_n_6041728.html (conteúdo em inglês)

Não à toa, muitas mulheres desistem da carreira quando engravidam. Segundo pesquisa realizada pelo Internacional Consortium for Executive Development Research (ICEDR) e publicada na revista Harvard Business Review, em 2016[2], 54% das mulheres na faixa dos 30 anos que deixam um emprego alegam que precisam de mais tempo para a família.

Às vezes, essas mulheres se ausentam do mercado de trabalho até que os filhos possam ser deixados com cuidadores ou adquiram alguma autonomia. Nesse caso, uma mulher competente em seu ofício demorará mais que seus pares homens para alcançar um cargo de diretoria ou presidência.

Se você pretende ser mãe e dona de casa em tempo integral, deve sentir-se muito orgulhosa de sua escolha. Ela merece respeito e admiração.

Mas se quer conciliar a carreira profissional e a vida como esposa e mãe, procure entender que pode fazer muito bem as duas coisas. Muito bem não quer dizer de modo perfeito. E daí? Nada é perfeito. Você não precisa ser perfeita. E mais: não se sinta culpada por não se dedicar em tempo integral aos filhos.

Há muitos incentivos para fazer uma grávida ou jovem mãe desistir do trabalho. O mundo ainda é pouco amigável com essas mulheres. Conforme expusemos no início do livro, poucas empresas oferecem facilidades para mulheres gestantes, em período de amamentação ou com filhos pequenos. Não há, por exemplo, vagas especiais de estacionamento na maioria dos edifícios comerciais.

---

[2] https://hbr.org/2016/03/why-so-many-thirtysomething-women-are-leaving-your-company (conteúdo em inglês)

Creio que no futuro mulheres grávidas poderão estacionar ou descer do transporte público na porta do trabalho e adaptar a vida profissional ao ofício de mãe. É provável também que as tarefas domésticas estejam adequadamente divididas entre pai e mãe.

Enquanto esperamos por esse avanço civilizatório, persevere e não desista de seus sonhos. Faz parte da vida enfrentar e vencer desafios. E nós, mulheres, somos especialistas nisso.

É provável que em algum momento você considere o desafio cansativo demais. Também é possível que seu marido adote o discurso de que é melhor você ficar em casa por um tempo, cuidando dos filhos. Afinal, segundo o pensamento hegemônico ainda vigente, você não precisa se estressar tanto.

Tenho amigas de sucesso que não largaram o emprego em razão da maternidade. Em geral, essas mulheres valentes e pertinazes desenvolveram-se profissionalmente mais do que aquelas que se ausentaram do trabalho por três ou quatro anos.

Por fidelidade à verdade, cabe dizer que muitas delas hoje lidam com um sentimento de culpa. Julgam-se com rigor porque seus filhos não receberam a mesma atenção que os filhos das colegas que decidiram viver a maternidade em tempo integral.

Não quero neste livro determinar regras. Decisões dessa natureza são muito pessoais. Cada mulher deve escolher seu caminho depois de conversar com o marido e a família.

Quero apenas mostrar algumas estatísticas que podem ajudá-la a tomar decisões baseadas em fatos concretos.

De acordo com a pesquisa realizada em 25 países[3] pela professora e pesquisadora Kathleen McGinn, no âmbito do programa Gender Iniciative[4] da Universidade de Harvard, as filhas de mães que trabalhavam fora tornaram-se mais bem-sucedidas na profissão, obtiveram melhores salários e alcançaram graus hierárquicos mais altos dentro das empresas. O estudo as comparou com as mulheres que tiveram mães donas de casa.

Outro estudo, realizado pela pesquisadora Caitlin McPherran Lombardi, do Boston College, publicado em 2015 no jornal da American Psychological Association[5], mostrou que crianças de famílias de baixa renda se adaptavam melhor ao jardim de infância se suas mães voltassem ao trabalho enquanto elas ainda eram bebês.

Em 2015, a revista Women Psychology Quarterly publicou os resultados de duas pesquisas, o *Monitoring the Future survey of 12th graders (1976–2013)* e o *General Social Survey of Adults* (1977–2012). A análise dos dados mostra que a aceitação social de mães que desenvolvem atividades profissionais cresce cada vez mais. Em relação a jovens nascidos em períodos anteriores, os *millennials* (que vieram ao mundo entre o início da década de 1980 e os primeiros anos da década de 2000) tendem a considerar de forma mais positiva as mães que trabalham fora. Entre os jovens que nasceram nesse período, 70% declararam manter boas relações com a mãe que trabalhava.[6]

---

[3] http://www.hbs.edu/news/releases/Pages/having-working-mother.aspx (conteúdo em inglês)

[4] Gender Iniciative é um programa da Harvard Business School, que pode ser traduzido como Iniciativa de Gênero.

[5] http://www.apa.org/news/press/releases/2014/06/kindergarten-moms.aspx (conteúdo em inglês)

[6] http://journals.sagepub.com/doi/full/10.1177/0361684315590774 (conteúdo em inglês)

Finalmente, leia abaixo o depoimento de uma mulher de 42 anos sobre sua mãe. Foi colhido em um de meus workshops presenciais.

> *Não lembro de ver minha mãe em casa quando era criança. Lembro de minha avó. Minha mãe sempre saiu muito cedo e voltava tarde. Na época, tinha muito orgulho de contar na escola que minha mãe trabalhava em uma empresa. Eu dizia que ela mandava em outras pessoas. Aprendi com minha mãe a ser ambiciosa. Fantasiava usar roupas e sapatos iguais aos dela quando fosse adulta. Se senti falta de tê-la por perto? Claro que sim. Faltou algum conselho, alguma informação sobre sexo, sobre como lidar com garotos. Você não falava sobre isso com sua avó, pelo menos não com a minha. Mas olha para mim hoje: advogada com pós-graduação. Eu não teria chegado tão longe sem o exemplo que tive em casa. Sinto que devo isso a ela.*
>
> *Margarida Caldas, 42 anos.*

EXERCÍCIOS DO CAPÍTULO

1. Sua família/marido/chefe/amiga faz exigências relativas a tarefas que normalmente não seriam sua obrigação? Quais?

2. Se não está disposta a atender a alguma dessas exigências (ou a algum pedido), escreva uma declaração para o demandante, explicando por qual

motivo não vai realizar a tarefa. Você pode enviá-la por e-mail. Lembre-se: seja sincera, fale de seus sentimentos ou da inconveniência de responsabilizar-se por aquela atividade. Não ofenda ou agrida a outra pessoa, tampouco reclame da vida. Vá direto ao ponto.

3. *Faça um inventário de sua agenda. Você considera que realiza mais tarefas do que gostaria ou poderia? Como define seu nível de estresse pelo eventual excesso de trabalho?*

4. *Analise as atividades que listou no item anterior. Escolha uma tarefa que não aprecia realizar. Verifique se há alguma possibilidade de livrar-se desse encargo. Se precisar, elabore outra carta-declaração, seguindo o que sugerimos no item 2.*

COMPROMISSO

6

PROCURE MENTORES

Reflexão

Quando você tem uma dúvida, para quem pede conselhos?

[- - -]

Neste capítulo o estudo de caso é comigo. Na Introdução do livro contei como em muitos momentos de minha carreira profissional me senti uma extraterrestre.

Um dos resultados dessa sensação foi adotar uma postura defensiva. Escondi ao máximo minhas fraquezas, exibi uma personalidade forte e me fiz de invencível (não que realmente fosse, era apenas o que eu tentava mostrar).

Até hoje tenho dificuldade em expor a fragilidade, a insegurança e o medo. Veja bem: não estou aconselhando você a exibir publicamente sua vulnerabilidade, muito menos no ambiente de trabalho. Nem pense em ter uma crise de choro durante uma reunião. Se estiver à beira de uma e não puder evitá-la, alegue uma indisposição e corra para o banheiro.

Mas é certo que vestir a máscara de super-heroína soberana, impávida e autossuficiente também não contribui para o pleno desenvolvimento das potencialidades. Em meu caso particular, a postura originalmente rebelde, de mulher em constante batalha contra o mundo, me lançou em uma trajetória muito solitária.

Hoje, ao ver outros empreendedores que contam com apoio e assessoria, admito que poderia ter avançado mais e mais rápido se não tentasse fazer tudo sozinha.

Falo de mentores, pessoas com mais experiência que podem ajudar com um conselho, orientação e até mesmo nos indicar para um empregador ou cliente.

Quem pode ser mentor? Qualquer pessoa que reúna um conjunto de experiências ou conhecimentos úteis a seu desenvolvimento. Podem ser professores da faculdade, amigos, os pais deles, colegas de trabalho, clientes empreendedores ou até mesmo o(a) chefe que sabe estabelecer sinergias e compartilhar saberes.

Hoje, muitas empresas já oferecem programas de *coaching*, de modo que profissionais experientes orientem de forma sistemática os mais jovens. Assim um diretor da companhia pode ter encontros quinzenais com um analista júnior que se inscreveu para ser seu *coachee*. Se você não tem a sorte de trabalhar em uma dessas organizações, precisa procurar seus orientadores em outros lugares.

Para ter sucesso na busca por conselhos e ajuda, convém seguir algumas regras.

Procure mostrar seu valor, seu talento e capacidade antes de apresentar dúvidas e solicitar orientações.

Não basta admirar uma pessoa. Se ela desconhece você, suas histórias e seus méritos, não convém disparar a pergunta: você pode me orientar?

Afinal, que interesse ela teria em compartilhar conhecimento contigo? Ela não sabe se você merece essas informações, tampouco que uso fará delas.

Compreenda que todo relacionamento humano depende de rituais destinados a construir uma relação de confiança. Não avance se o outro ainda não concedeu autorização para que você penetre em seu espaço e tome seu tempo.

É certo que a maioria dos indivíduos de sucesso se entusiasma com pessoas ambiciosas, esforçadas, qualificadas, que cultivam sonhos e trabalham para concretizá-los.

Entretanto, é necessário que esses detentores de virtudes e sabedorias se convençam de que você é uma boa interlocutora, de que é capaz de captar e interpretar seus eventuais ensinamentos.

Ainda assim, não conte vantagem e evite fazer propaganda de seus dons e atributos. Ao se apresentar, fale de sua formação, elenque seus objetivos profissionais e explique por que precisa de orientação. Procure ser clara e concisa. Conte apenas o que interessa naquele encontro.

Planeje suas perguntas antes do contato

Nunca formule perguntas genéricas do tipo: "Você acha que a profissão que escolhi tem mercado?" Quer saber? Essas perguntas não têm respostas objetivas e diretas.

Outro ponto importante: nunca solicite informações que você mesma possa obter na internet. Por exemplo, não pergunte quantos jovens se formam por ano em sua área ou se há expectativa de bom ganho salarial após a formação universitária. Essas estatísticas estão disponíveis para todos. Portanto, verifique se seu questionamento já não foi respondido por algum site, blog ou revista especializada. O Google pode ajudar.

Se uma pessoa tem conhecimento e experiência, é provável que ocupe algum cargo importante em uma empresa ou que esteja envolvida em importantes projetos de trabalho. Seu dia a dia deve ser estressante e é possível que tenha limitações de agenda. Portanto, valorize o tempo desse conselheiro ou orientador.

Nunca se alongue em histórias com muitos detalhes nem se queixe das dificuldades da vida. Fixe esta ideia: mentor não é psicoterapeuta.

As pessoas bem-sucedidas e cheias de sabedoria são estimuladas por interlocutoras positivas, entusiasmadas com a vida, criativas e capazes de imaginar aprimoramentos e inovações. Também é certo que fugirão de gente que se lamenta ou que somente enxerga as pedras no caminho.

Faça perguntas específicas e objetivas, que permitam respostas claras.

Saiba ouvir

Pode parecer simples, mas não é. Hoje, as pessoas têm enorme dificuldade em se concentrar no que o outro está dizendo, ainda mais em contextos de informação abundante, obtida de diversas fontes.

Mas há outro problema ainda mais grave. Em geral, os indivíduos exercitam a chamada percepção seletiva, ou seja, ouvem o que julgam relevante e tentam encaixar a fala do outro em suas expectativas, ideologias ou visões de mundo. Evidentemente, *pari passu*, ignoram ou esquecem imediatamente o que não lhes interessa ou não lhes parece agradável.

Quando perguntar algo, tenha abertura e flexibilidade para receber a informação. Registre tudo com detalhes, respeite o que foi dito (mesmo que não concorde) e, principalmente, agradeça pelo conselho e pelo tempo do interlocutor.

Não tenha vergonha de abordar pessoas mais experientes

Ao longo de minha carreira como professora e empreendedora, atendi com prazer muitos jovens interessados em receber orientações que lhes facilitassem o desenvolvimento intelectual e profissional.

Fui mentora de vários. Alguns vêm ao meu escritório e solicitam quinze minutos de meu tempo. Normalmente, assim procedem quando pretendem abrir uma empresa ou tentam consolidar uma já existente. Retornam algumas vezes. Depois, seguem sozinhos.

Certa vez, um rapaz desconhecido me ligou. Participava de um curso de empreendedorismo e seu professor havia pedido que buscasse informações com alguém mais experiente. Como ele tinha informações sobre o meu trabalho havia muito tempo, perguntou se poderia me telefonar uma vez por mês e tomar cinco minutos do meu tempo. Aceitei, parecia fácil. Acredito que foi proveitoso para ele. Para mim, pelo menos, foi uma experiência muito interessante.

Em outra experiência, um ex-aluno reivindicou minha atenção. Tive com este jovem uma relação muito próxima, construída a partir de muitas conversas rápidas ao final da aula e de uma regular troca de e-mails.

Ele pediu para se encontrar pessoalmente comigo uma vez por mês. Respondi de forma positiva, porque esse aluno tinha um potencial enorme e eu efetivamente desejava fazer parte de sua trajetória. Ele acabou de receber um prêmio internacional de empreendedorismo em uma competição em Londres.

Não mantivemos religiosamente a periodicidade desses encontros, que estão cada vez mais espaçados. Porém, durante muito tempo, almoçamos juntos todos os meses. Por vezes, ele me telefona e me formula perguntas bem específicas. Hoje, há reciprocidade. Peço-lhe orientação sobre temas de sua área de atuação, como inovações tecnológicas, redes sociais, comportamentos e preferências de consumo dos jovens.

Não tenha medo do não

Tive um professor que costumava dizer: "O 'não' nós já temos, vamos em busca do 'sim'."

Pode acontecer que a pessoa que você pretende ter como mentora negue atenção e ajuda. É duro, mas não a condene. Todos têm seus momentos. Às vezes estão disponíveis; em outras ocasiões, precisam de um pouco de isolamento.

Não julgue com excessivo rigor uma eventual negativa. Não sofra pelo "não" recebido nem se sinta diminuída. Todos nós vamos ouvir (e também dizer) muitos "nãos" ao longo da vida. Isso não nos torna melhores ou piores.

Frequente eventos, construa uma rede

Nunca fui de frequentar eventos de empreendedores, mas esta é uma resistência da qual me arrependo bastante.

Certa vez, a bagunça me desestimulou. O grupo de nerds falando bobagens em voz alta me mandou logo para casa. No entanto, os amigos que se arriscaram a permanecer acabaram conquistando clientes, sócios e investidores, assim como informações estratégicas sobre tendências de mercado.

Muitas vezes a ajuda fundamental de que precisamos pode ser fornecida pelo participante de um encontro, palestra ou solenidade.

Seja disponível

A roda precisa continuar girando. Portanto, faça-se disponível quando um jovem procurá-la para pedir ajuda ou conselho. Diga sim se a atividade não afetar significativamente sua agenda, compromissos e trabalho.

No entanto, seja cuidadosa ao oferecer esse apoio. Não se envolva excessivamente, não assuma a tarefa de solucionar problemas e, principalmente, não realize o trabalho do orientando. Deixe claro, desde o início, que não se responsabiliza pelos resultados do aconselhado.

Normalmente, busco ajudar a todos que me procuram e sei que muitos empreendedores de sucesso adotam a mesma política solidária. Entretanto, não consigo responder todos os e-mails e mensagens de redes sociais que recebo, pelo menos não para esse tipo de aconselhamento regular.

Espero sinceramente que você entenda a importância da mentoria, e que tenha mais sucesso do que eu no uso desse recurso.

EXERCÍCIOS DO CAPÍTULO

1. *Faça uma lista de suas dúvidas e desafios atuais.*
2. *Faça uma lista de pessoas que poderiam ajudá-la a responder essas perguntas.*
3. *Planeje perguntas objetivas e estruturadas.*
4. *Busque marcar um encontro informal para apresentar suas perguntas ao eventual conselheiro. Se tiver pensado em alguém que não conhece, verifique onde essa pessoa vai fazer uma palestra, participar de um debate ou ministrar um curso. Arrisque abordá-la rapidamente ao final do evento.*

COMPROMISSO 7

SEJA VOCÊ MESMA, ASSUMA SUA FEMINILIDADE

Reflexão

Você já encarnou personagens? Quais? Em que ocasiões?

[- - -]

Quero contar neste capítulo a história de Ingrid, uma colega de pós-graduação linda, inteligentíssima, com quem desenvolvi um projeto de pesquisa.

Como parte do trabalho acadêmico, tínhamos de entrevistar o diretor de uma empresa de telecomunicações. Vesti minha melhor roupa, calcei os melhores sapatos, fiz escova no cabelo e fui encontrar Ingrid, que me esperava na porta do prédio, também impecável. Seus cabelos ruivos caíam sobre um belo vestido azul. Estava realmente deslumbrante.

Pensei comigo: vou deixar Ingrid falar, pois ela parece especialmente inspirada hoje. Assim, entramos na sala de nosso entrevistado, um homem que aparentava ter 50 anos, muito gentil, que se preparou para ouvir atentamente às perguntas.

De repente, percebi que Ingrid olhava e falava de forma sedutora com ele. O executivo, entretanto, não modificava sua postura, respondendo seriamente e com respeito às perguntas, ignorando os trejeitos da minha amiga.

— Vocês sabem o que é uma *joint venture*?

Eu ia responder: "Claro que sim." Mas Ingrid se antecipou.

— Não, pode nos explicar?

— É uma associação entre empresas, que pode ser definitiva ou não, com fins de lucro, só que para explorar determinado negócio. Na *joint venture* nenhuma das empresas envolvidas perde sua personalidade jurídica original.

Tanto Ingrid quanto eu estávamos cansadas de saber o que era uma *joint venture*.

Quando nos levantamos para agradecer a entrevista, minha companheira deixou cair seu caderno e sua bolsa, espalhando seus pertences pelo chão. Então, ergueu os olhos verdes desamparados para nosso entrevistado, que correu em seu socorro.

— De jeito nenhum! — antecipei-me ao polido cavalheiro.

Não me lembro de ter feito algo tão veloz em minha vida. Recolhi os objetos todos e os coloquei de forma desordenada nas mãos de minha amiga.

Já na rua, explodi com ela.

— Você é uma mulher inteligente e confiante. Por que agiu como uma menina ingênua e insegura?

— Eu não atuei — respondeu ela. — Eu me senti mesmo daquele jeito.

— Por que flertou com ele? — indaguei, em um tom de voz zangado que chamou a atenção de alguns transeuntes.

— Não sei, fiz sem querer, foi meio instintivo. Era óbvio que ele estava doido para flertarmos com ele.

— Era óbvio que não queria flerte nenhum — retruquei.

— Ah, não é todo dia que um homem da idade e posição dele recebe garotas jovens em seu escritório — argumentou ela. — Você sabe que tenho uma necessidade absurda de agradar as pessoas.

— E, finalmente, por que disse que não sabia o que era uma *joint venture*? — disparei. — Por quê?

— Eu senti que ele queria explicar, que estava doido para falar sobre o assunto. Então falei que não sabia. Você viu como ele ficou contente?

— O que eu vi é que nós perdemos uma excelente oportunidade de atuar como duas profissionais. E isso ocorreu simplesmente em razão desse seu vício de ser como acha que os outros querem que você seja.

— Desculpe, eu não sei por que faço isso... — lamentou-se Ingrid.

— Você não imagina como as pessoas gostam de você quando simplesmente é você mesma.

— Eu sei sim; o pior é que eu sei.

Gosto muito da minha amiga e tenho profundo respeito por ela. Até hoje mantemos contato. Esse episódio se passou há quase vinte anos. Ingrid está perdendo aos poucos essa mania de encarnar personagens que supostamente agradarão a seus interlocutores. Não é uma conduta consciente ou deliberada. Parece algo que emerge de dentro dela, como uma segunda personalidade.

Neste último capítulo, pensei em discorrer sobre autenticidade, espontaneidade e, principalmente, feminilidade. Creio que esses assuntos podem ajudar não só minha amiga como outras Ingrids que andam por aí representando papéis para serem aprovadas, aceitas ou amadas.

O psiquiatra e psicanalista suíço Carl Gustav Jung cunhou o termo "persona" para definir a forma como agimos em diferentes ambientes sociais, adaptando-nos às circunstâncias. Trata-se de uma adequação que pode ser natural e saudável, na medida em que melhora a comunicação e a qualidade da interação entre as pessoas.

Porém, enquanto determinadas personas podem ser altamente positivas, outras podem ser nocivas e trazer-nos resultados indesejados.

A seguir, veremos personas que considero altamente positivas e outras altamente negativas. Finalmente, trataremos da importância de sermos genuínas e espontâneas.

Segurança, autoconfiança

Existe uma situação na qual sou altamente favorável a fingir e representar. E não é para enganar ou ludibriar ninguém. Para me explicar melhor, busco o auxílio de uma especialista.

Em 2012, a professora Amy Joy Cuddy, especialista em psicologia social e pesquisadora da Harvard Business School, fez uma apresentação brilhante na TED (organização de mídia voltada especialmente para a trinca *tecnologia – entretenimento – design*). No fim de 2017, o vídeo da palestra já tinha mais de 40 milhões de visualizações.[1]

Nele, a acadêmica explica como a postura corporal molda quem somos. Segundo ela, se a pessoa pretende ser segura, autoconfiante e fluente para falar em público, deve fingir ter estes atributos. E deve fazê-lo até que a personagem simulada passe a fazer parte de sua própria personalidade. Ela recomenda: não finja até conseguir, finja até se tornar.

As pesquisas científicas apresentadas por Cuddy revelam que quando assumimos o que ela chama de uma postura de poder, podemos modificar até o funcionamento do cérebro e, por conseguinte, do resto do organismo.

---

[1] https://www.ted.com/talks/amy_cuddy_your_body_language_shapes_who_you_are (conteúdo em inglês)

Depois de dois minutos assumindo uma postura de poder, os participantes de uma pesquisa registraram níveis inferiores de cortisol (o hormônio do estresse) e superiores de testosterona (o hormônio associado ao comportamento dominante e à competitividade).

Essa é uma característica do cérebro de pessoas seguras e de líderes experientes. O alto nível de testosterona indica uma postura assertiva, empreendedora, com elevada capacidade de realização e muita energia. Já o baixo nível de cortisol indica que a pessoa tem alta tolerância ao risco e à pressão.

A apresentação está disponível no site da organização e também no YouTube. Assista! Nela você pode conferir algumas posturas de poder estudadas por Amy. Uma delas consiste em manter o tronco e a cabeça eretos, as pernas levemente separadas e as mãos na cintura, como a Mulher Maravilha. Não é muito feminino, mas se eu fosse você faria o experimento. Antes de encarar uma reunião importante ou uma apresentação pública, tranque-se no banheiro e faça a postura de poder durante dois minutos.

Talvez essa seja a única situação em que eu recomendaria "fingimento". E, claro, até o momento em que você conseguir se tornar o que está fingindo ser, como disse a pesquisadora.

Nos outros momentos, recomendo fortemente que seja autêntica, assumindo e vivendo plenamente sua feminilidade.

A feminilidade no local de trabalho

Historicamente, a mulher procurou assemelhar-se aos homens no mundo do trabalho. Parece-me natural, porque ela precisava provar que era tão competente e capaz como qualquer varão. Agia desse modo para ganhar prestígio e respeito. Em muitos casos, tem sido uma estratégia de sobrevivência.

Em um universo laboral muito impregnado da cultura masculina, muitas mulheres procuram ser firmes, duras e até mesmo rudes, copiando os homens ou o modo como acreditam que os homens agem.

No entanto, o mundo de hoje precisa urgentemente do carisma feminino. É necessário que esteja presente nas atividades educativas, nos negócios e nos centros de poder político. A participação cada vez maior das mulheres nesses ambientes tende a aprimorá-los, auxiliando os homens a incorporar as virtudes da feminilidade.

No contexto profissional, homens e mulheres tendem a deixar a real personalidade de lado e assumir personagens. Em uma corporação privada ou mesmo em uma instituição pública, vemos as mesmas roupas, posturas, expressões faciais e vocabulário.

Costumo circular por muitas empresas e, em algumas delas, me sinto em um filme de ficção científica, no qual robôs altamente sofisticados expulsaram os humanos e tomaram o poder.

Esse fenômeno ocorre porque desde cedo assumimos determinados personagens. Os meninos precisam provar a virilidade, de preferência demonstrando o gosto por esportes, carros e mulheres. Devem falar grosso e não ter medo de nada. Das mulheres, exige-se que sejam doces, meigas, suaves, que tenham apenas bons sentimentos e cuidem dos outros.

Da mesma forma que meninas não são incentivadas a ser ambiciosas e buscar uma carreira, meninos não são estimulados a lidar com seus sentimentos, ouvir o coração e falar sobre suas emoções.

Essas exigências se mantêm na idade adulta. O mundo do trabalho, até agora predominantemente masculino, manteve os estereótipos do macho alfa, caçador, predador, ambicioso e agressivo.

Quantas vezes não ouvimos que no mundo dos negócios ou da política é preciso deixar de fora as emoções? Mas cabe outra pergunta aqui: como podemos nos dissociar delas? Em pessoas tidas como "controladas", as emoções foram suprimidas de fato ou estão trabalhando silenciosamente, tecendo redes de influência que nosso córtex pré-frontal não consegue detectar e eliminar?

Esta parte evoluída do cérebro está encarregada do planejamento, do controle inibitório, da modulação do comportamento social e dos pensamentos complexos. Mas parece que nem sempre está sozinha no comando.

Certamente seu lado mais emocional está influenciando as decisões que você considera racionais, impregnando-as de sensações como raiva e medo.

E, mais ainda, qual o preço que pagamos pelas emoções e sentimentos abafados ou supostamente deixados de lado? Pergunto-me por que nos impomos, por tantas horas diárias, o esforço homérico de fingir ser o que não somos.

Portanto, pelo seu próprio bem e pelo bem de todos, procure ser você mesma.

Assuma sua feminilidade na fala suave ou expressiva, no gesto discreto ou assertivo, na conduta lúdica ou austera. Depende do seu eu interior. No entanto, jamais imagine que o processo de empoderamento será ameaçado pelo gozo estético. Pratique sua vaidade, usando roupas bonitas e elegantes. Teste penteados e maquiagem. Não se envergonhe do que exalta sua beleza.

Se eu tivesse que recomendar alguma conduta, seria o cuidado com a sensualidade excessiva, aquela que tende à vulgaridade. Sabemos instintivamente quando passou do ponto, seja na vestimenta, na maquiagem, na tintura de cabelo ou no esmalte para a unha. Tudo depende do corte, da proporção, da eventual transparência, da tonalidade e do brilho. Importante é avaliar o que cabe em cada situação e lugar.

No campo profissional, observe a cultura da empresa e do mercado onde atua. Mulheres de setores mais "moderninhos" vão sentir calafrios ao ler este parágrafo. Profissionais mais conservadoras e tradicionais, que trabalham em ambientes marcados pela sobriedade, devem estar balançando afirmativamente a cabeça, em sinal de aprovação.

Cabe, no entanto, um aviso. Nenhuma roupa ou maquiagem, por mais atraente que seja, autoriza qualquer homem a praticar assédio sexual contra a mulher. Usar uma minissaia não significa, de jeito nenhum, que uma mulher esteja se oferecendo ou que esteja disponível. Prevalece em nosso país uma cultura machista de julgamento que tende sempre a criminalizar a mulher. Dizem as línguas ignorantes: "ela provocou" ou "aconteceu porque estava vestida daquele jeito". Em casos de abuso e violência, essas frases são utilizadas para inocentar os criminosos e culpabilizar as vítimas.

Sempre fui muito discreta e não me sinto confortável em expor excessivamente meu corpo. Por isso, você talvez possa considerar antiquadas as minhas recomendações. O importante é que elas funcionam para mim e refletem com fidelidade quem sou. Estou satisfeita com a maneira como me apresento e como sou vista pelas pessoas.

Para além do visual, procure ser espontânea, sem assumir papéis ou representar personagens que não sejam você.

Se sentir insegurança, corra para o banheiro e adote posturas de poder até perceber que retomou o controle. De resto, encante o mundo com o jeito peculiar da feminilidade.

É isso que desejo: que você encante, que brilhe, que mostre ao mundo todo seu potencial. É seu dever dar-lhe espaço para se realizar em todo seu esplendor. O mundo está esperando por essa riqueza. Seja muito feliz no trabalho, no amor, na família e na vida espiritual. Ao ser feliz, você fará muitas pessoas felizes a seu redor.

EXERCÍCIOS DO CAPÍTULO

1. *Planeje seu guarda-roupa para o trabalho e para os momentos de lazer. Se não tiver um estilo estabelecido, pesquise em revistas e na internet. Eleja um perfil ou vários, de acordo com os ambientes que frequenta.*

2. *Procure na internet cursos de maquiagem para o trabalho, para festas e para outras ocasiões. Aprenda as técnicas e passe a usá-las no seu dia a dia. Se não gostar de usar maquiagem, pule esse item.*

3. *Recomendo novamente: assista na internet ao vídeo de Amy J. Cuddy intitulado* **Sua linguagem corporal molda quem você é**. *Incorpore as técnicas e exercícios que ela recomenda.*

4. *Quais são as personas que você já assumiu? Com que objetivo você assumiu essas personas?*

5. *Imagine-se como uma profissional de destaque que terá seu perfil produzido por uma jornalista. Como ela descreveria você?*

CAPÍTULO BÔNUS

COMPETÊNCIAS PARA PROFISSIONAIS DE SUCESSO

Ao longo deste livro, tratei das competências que as mulheres precisam desenvolver nos dias atuais, com base na cultura em que estão inseridas e na forma como são educadas. No entanto, seria negligência imperdoável ignorar as competências que todos, homens e mulheres, precisam fortalecer no campo profissional.

Por este motivo, resolvi elaborar um pequeno resumo do que acredito ser indispensável para que qualquer pessoa, independentemente do gênero, se destaque no mercado de trabalho. Se você quiser se aprofundar no assunto, existe excelente literatura a respeito do tema. Sugiro os livros *Empreendedorismo para Leigos*, de Alice Sosnowski, e *O Código dos Criadores*, de Amy Wilkinson.

Quando faço palestras sobre empreendedorismo ou liderança, surge um questionamento recorrente: o que é preciso fazer para alcançar sucesso na carreira?

Embora seja uma pergunta ampla e genérica, fui construindo uma resposta ao longo do tempo. É com base nela que elenco aqui conhecimentos, habilidades e atitudes que considero indispensáveis na busca do sucesso.

Todas elas estão ligadas ao desenvolvimento de uma atitude empreendedora. Mas, veja bem, ser empreendedor não significa apenas fundar ou ter uma empresa.

A competência de empreender, na dimensão desta análise, é entendida como ter capacidade de realização. Equivale a gerar ideias, traduzi-las em planos, organizá-las em projetos e colocá-las em prática, tornando-as realidade. Pode ser, por exemplo, uma iniciativa dentro da corporação onde já trabalhamos. Pode ser a publicação de um livro, a promoção de um evento cultural, uma intervenção social ou uma incursão pelo campo da política. Enfim, pode até mesmo ser a criação de uma empresa.

O empreendedor tem a capacidade de fomentar a mudança. Ele influencia o ambiente ao seu redor, reunindo recursos e pessoas, de modo a provocar alterações positivas, que geram melhorias e benefícios para todos.

No mundo do empreendedorismo, já sabemos uma verdade há muito tempo. De nada adiantam a grande ideia e o produto inovador, mesmo em um mercado de significativo potencial, se a pessoa à frente do projeto não é capaz de promover a mudança e de transformar suas intenções em realizações.

As pessoas nascem empreendedoras ou se tornam? Pesquisas mostram que é possível tornar-se empreendedor por meio de estudo e prática. As competências que veremos a seguir ajudarão nessa construção da atitude empreendedora.

1. Desenvolver lócus de controle interno

Você assume a responsabilidade pelo que ocorre em sua vida? Costumo ver pessoas com mais de quarenta anos de idade que ainda culpam os pais pelos seus problemas. Outras substituem os pais pelo Governo, ao qual atribuem a responsabilidade de prover-lhes sustento e proteção, como se o poder público tivesse a obrigação de assumir, em dado momento, o encargo dos pais biológicos. Em outros casos, o Governo é substituído por uma empresa, um líder carismático, Deus, o Universo, ou qualquer entidade sobrenatural.

Algumas pessoas delegam o controle da vida ao mundo externo. Acreditam em sorte ou azar. Quando algo de ruim lhes acontece, é sempre culpa dos outros. Não são promovidas porque o chefe é incompetente, têm dívidas porque os preços subiram muito, perdem a venda porque o cliente estava de má vontade. Vão mal na empresa por causa da crise econômica, vivem solitárias por qualquer explicação do tipo "já não se fazem mais homens/mulheres como antigamente" ou "amizade verdadeira não existe mais".

Essas pessoas tendem a se sentir vítimas da sociedade. Para elas, é muito difícil superar uma situação adversa, pois não acreditam que qualquer vitória resulte de esforço próprio. Julgam que os acontecimentos são sempre resultado da ação e das decisões de terceiros.

Existe um benefício nesse tipo de postura. Quando nos comportamos dessa maneira, não podemos ser responsabilizados por nada. Portanto, não precisamos admitir o próprio fracasso ou incompetência.

O empreendedor, por outro lado, tem o que chamamos de lócus de controle interno. Ele assume a responsabilidade por suas ações ou eventuais omissões. Desta forma, quando se encontra em uma situação difícil, questiona-se sobre causas e soluções. O que fiz de errado para chegar a estes resultados? O que tenho de mudar para obter resultados diferentes? E assim, traçando e perseguindo novas metas, consegue alterar a realidade.

De acordo com pesquisas nos campos da psicologia e da gestão de negócios, as pessoas que desenvolvem esse lócus de controle interno têm mais chances de alcançar o sucesso. São também menos propensas a sofrer distúrbios de ansiedade e depressão. Por fim, tendem a ser mais felizes. E você: tem nas mãos as rédeas da própria vida?

2. Detectar oportunidades

Eu já morei em um lugar daqueles que chamamos de fim de mundo. Ficava longe de tudo. Era hábito entre os moradores, quando ficavam sem assunto, reclamar da distância dos centros comerciais. Tínhamos que gastar a sola do sapato quando precisávamos comprar um pão, uma aspirina ou uma caneta.

Certo dia, porém, um vizinho investiu suas economias para tornar-se sócio de um hortifruti que ficava a alguns quilômetros de nosso bairro. No período da manhã, ele começou a percorrer as ruas com um pequeno caminhão de entregas. As donas de casa desciam correndo, tentadas pela cor viva das frutas e legumes oferecidos. O hortifruti mais do que dobrou sua receita, e o investimento trouxe ótimo retorno àquele pequeno empreendedor. Seu próximo passo foi estabelecer parcerias com uma farmácia, uma padaria e um supermercado. Ele, então, passou a rodar o dia inteiro abastecendo o bairro. Como resultado, viu sua conta bancária engordar cada vez mais.

Você conhece pessoas que reclamam de tudo? Provavelmente, sim, porque sempre vão existir motivos de reclamação. A vida não é perfeita nem funciona de acordo com nossas vontades e desejos. Todos nós temos de enfrentar frustrações significativas. E contrariedades cotidianas são inevitáveis.

Faz uma enorme diferença, no entanto, o modo como olhamos para esses pequenos desvios do que consideramos a normalidade. Ali, onde todos veem problemas, o profissional criativo vê oportunidades de mudança. Vamos analisar alguns exemplos.

Um terreno baldio, infestado de mosquitos e ervas daninhas, é adquirido a preço de banana por um empreendedor, que ali monta um restaurante. Depois de um tempo, o estabelecimento se torna ponto de encontro das famílias do bairro.

Uma empresa de limpeza industrial registra redução na lucratividade. A nova gerente, no entanto, renegocia contrato com os fornecedores e implementa um sistema de controle de custos. Assim, a área se torna destaque na avaliação de fim de ano.

Crianças de uma determinada escola demonstram dificuldade para aprender conceitos matemáticos. Uma dedicada professora decide, então, enfrentar o problema e desenvolve um software lúdico e educativo. O resultado é um avanço notável no desempenho escolar dos alunos. Os direitos de comercialização do programa educativo são vendidos por alguns milhões de dólares, para um gigante do setor.

Como é seu olhar? Seu olhar é de crítica e reclamação? Ou é o olhar de quem está sempre vislumbrando oportunidades de mudança?

Se você fizer uma pesquisa sobre os produtos de maior sucesso no mercado, verá que todos chegaram para resolver algum problema das pessoas. Às vezes, nem sabíamos que tínhamos essa dificuldade. É o que chamamos de demanda latente. Imagine o smartphone. Ele juntou no mesmo aparelhinho o telefone, a máquina fotográfica, o gravador, a agenda, o computador... Imagina carregar tudo isso!

É por isso que se costuma dizer que o negócio do empreendedor não é propriamente serviço ou produto. É o problema! Ou melhor, a solução para o problema.

Os smartphones não apenas juntaram e compactaram antigos aparelhos. Eles mudaram nossos comportamentos e facilitaram a realização de inúmeras tarefas da vida pessoal e profissional. Sim, falamos com qualquer pessoa de qualquer lugar. Lembra quando era preciso comprar fichas e procurar um telefone público? O armazenamento em nuvem nos permite manter milhares de arquivos e acessá-los até mesmo de uma praia remota. O WhatsApp facilitou a troca imediata de textos, imagens e vídeos de uma forma menos invasiva que a ligação telefônica. Além disso, cria um espaço em que diversas pessoas podem conversar juntas, seja para combinar um passeio ou definir as prioridades de um projeto.

Até os relacionamentos afetivos foram facilitados hoje. Contatos preliminares podem ser feitos por meio do Tinder e aplicativos similares. Aproximam pessoas que não se conhecem e evitam aqueles primeiros encontros românticos que duravam uma eternidade, mesmo quando o casal levava cinco minutos para perceber a ausência total de afinidades.

Talvez você pense que essa prática de enxergar oportunidades funcione mais para empreendedores que queiram abrir um novo negócio. Na verdade, porém, sempre existirão, não importa onde você trabalhe, problemas-oportunidades esperando por soluções criativas e iniciativas realizadoras.

3. Ter uma boa relação com o risco

Já falamos um pouco sobre a necessidade de aceitar desafios e confiar no próprio valor. Quanto mais alto se chega na carreira, mais é necessário se expor ao risco. No caminho, podemos, sim, sofrer derrotas e colecionar alguns fracassos. Mas tire da cabeça aquele velho mito de que correr riscos se parece com a atitude de um potencial suicida, que vai escalar a mais alta montanha sem os equipamentos de segurança necessários. Tampouco é apostar todo o salário na roleta de um cassino ou empenhar as economias de uma vida em um negócio que mal conhece.

O bom profissional corre riscos calculados e somente aqueles estritamente necessários. Quanto mais acumulamos informações e conhecimento, mais diminuímos os riscos. Planejamentos baseados em pesquisa permitem antecipar possíveis problemas, mensurar e minimizar perdas em diferentes cenários.

Os riscos calculados contemplam as incertezas inerentes à própria vida. Nunca teremos certeza absoluta de que tudo vai ocorrer como previsto, mas podemos identificar tendências. O fato de ser impossível antever o futuro com total precisão não significa que tenhamos que ficar paradas, movimentando-nos apenas dentro da chamada zona de conforto, restritas às variáveis que conhecemos bem e dominamos.

Para evoluir, crescer e prosperar é preciso ampliar limites, prospectar zonas atraentes e promissoras, mesmo que não sejam tão conhecidas. À medida que a carreira profissional evolui, a incerteza e as chances de perda só crescem. No entanto, com o tempo você percebe que o risco é algo a ser gerenciado, e não evitado.

E assim começará a planejar de antemão quais são os recursos que poderá investir (e eventualmente perder) em um projeto. Estimará o tempo de preparação que é exigido para chegar a resultados consistentes e que tipo de exposição é conveniente em cada momento. A capacidade de calcular, antecipar e gerenciar riscos é fundamental numa carreira de sucesso. Assim como é fundamental ter capacidade de tolerar e conviver com situações dessa natureza.

4. Ter compromisso com qualidade e excelência

Você fazia muitos trabalhos em grupo nos tempos de escola? Recordo que, às vezes, o trabalho estava apenas na metade e os colegas diziam: "ah, já está bom, vamos entregar assim".

Quantas vezes fiquei sozinha completando um trabalho de escola até atingir o que considerava meu padrão de entrega. Na faculdade foi a mesma coisa.

No dia a dia, percebo que aqueles colegas de escola e pessoas parecidas com eles persistem na filosofia do "já está bom" quando o mínimo necessário foi cumprido. Vejo esse padrão, por exemplo, no nosso comércio. O atendente nem sempre está disposto a explicar todas as opções, prazos de entrega e formas de pagamento. Os produtos, muitas vezes, não foram manufaturados ou preparados com o capricho desejado. A pressa frequentemente vence a perfeição. Você já deve ter se incomodado com o queijo que escorreu para cima da metade calabresa da sua pizza. Você acaba sendo a chata que pede para refazer. Até que, com o tempo, se cansa e acaba baixando suas expectativas, tornando-se uma cliente resignada.

Mas se você tiver ambições profissionais realmente grandes, precisa ir um pouco além do trivial e do convencional.

Pessoas de sucesso são, em geral, comprometidas com o erro zero e a excelência. Nunca se conformam com o bom. Buscam o ótimo. Quando um profissional é conhecido por executar suas funções de maneira perfeita, ganha credibilidade, torna-se confiável e respeitado.

Mas afinal, o que é o ótimo? O que é qualidade?

O primeiro conceito importante de qualidade refere-se a satisfazer expectativas. Essa conduta implica em ser realista na hora de negociar a entrega. Saiba dizer não quando seu cliente, chefe, sócio, colega, ou quem for, fizer um pedido inviável. Explique sem medo que, naquele prazo ou com aqueles recursos, não pode fazer com perfeição o que é solicitado. Seja transparente e honesta.

Não adianta deixar a pessoa feliz no pedido e frustrada na entrega. O contrário funciona muito melhor.

Quando entregamos exatamente o que é pedido e o que a outra pessoa esperava de nós, atingiu-se a qualidade. Pessoas competentes sempre têm palavra e cumprem o prometido.

A outra face da excelência tem a ver com a evolução e o aperfeiçoamento constantes. Afinal, num mundo que muda e evolui tão rápido, o melhor de hoje não é necessariamente o melhor de amanhã. Para lidar com essa exigência, crie o hábito recorrente de questionar-se e checar seus padrões. Essa é a melhor maneira de fazer o que estou fazendo? Existe uma forma mais eficiente, eficaz, econômica, ágil, moderna, de fazer o que estou fazendo? Essas perguntas ajudarão a estabelecer o foco em qualidade e excelência. Elas estimulam você a pesquisar, manter-se informada e aprender constantemente.

5. Ter compromisso com o relógio

Existem muitas facetas da qualidade e da excelência, mas não vou me estender porque fugiria ao foco deste livro. No entanto, gostaria de destacar outra virtude, fundamental, mas que considero muito negligenciada pelos profissionais, especialmente aqueles de pouca experiência. Refiro-me à pontualidade.

Quando você se atrasa para um compromisso, fazendo uma pessoa esperar por quinze minutos ou meia hora, afastando-a de seus afazeres, está mostrando que considera o tempo dela menos importante que o seu.

O Japão é um dos países que mais valoriza a pontualidade. É comum nesse país ver pessoas fazendo hora na rua, alguns até cochilando no carro, à espera de que faltem dez minutos para entrar no lugar onde têm um compromisso.

É claro que a maioria das pessoas não se atrasa por falta de respeito ou de consideração, ainda que essa seja a mensagem que fica. O motivo da maior parte dos atrasos é a desorganização.

Planeje-se sempre para chegar meia hora antes aos seus compromissos. Para isso, é importante que não crie uma agenda muito apertada. Se tem um compromisso, pare o que está fazendo com suficiente antecedência para se arrumar e sair para o encontro. Se for esquecida ou distraída, faça uma lista com tudo que precisa saber e levar. Verifique o endereço e a melhor rota. É melhor pegar o metrô ou ir de carro? Tem estacionamento próximo? E os orçamentos que prometeu entregar: já estão impressos? Confira os detalhes antes de sair.

Um ponto importante: não se trata apenas de chegar na hora. Evite chegar esbaforida, ofegante, descabelada. Chegar na hora implica em fazer uma boa chegada. Apresente-se elegante, arrumada, munida dos materiais e conteúdos necessários ao desenvolvimento do trabalho ou da negociação. Esses detalhes revelam que você deu importância àquele encontro e aos seus interlocutores.

Pontualidade é determinante para o sucesso profissional. Ainda que pouca gente fale sobre isso abertamente, o atraso costuma ser um pecado pouco perdoado no mundo do trabalho.

6. Aprender a aprender

Conheci esse termo ao ler os artigos de Chris Argyris, um dos grandes teóricos da administração, professor da Harvard Business School. Ele o usava para tratar de organizações que são compelidas a mudar continuamente para acompanhar o mercado. Para tal, precisam desenvolver a competência de aprender rapidamente. O conceito, no entanto, se aplica também a pessoas.

Já se tornou clichê dizer que o mundo experimenta a mudança rápida e constante. Os ciclos de vida dos produtos e serviços se encurtam cada vez mais. A revolução digital ainda está em curso, talvez apenas em seu início, gerando novas empresas, redesenhando negócios e remodelando as relações humanas.

Então, como enfrentar esse processo sem ser considerada obsoleta e acabar expelida do sistema? Como não ser descartada, como acontece com tantos produtos e serviços? Aprenda a aprender!

Na verdade, o primeiro passo é uma aparente contradição. Temos que aprender a desaprender. Quem fica apegado a conhecimentos antigos, a velhos métodos, corre o risco de perder o trem da história. Esteja pronta para abandonar a forma como faz as coisas hoje. Avalie as exigências do tempo presente e pesquise novas técnicas, habilidades e competências. Esteja preparada inclusive para abandonar uma tecnologia, negócio ou mercado tradicional e... começar do zero.

Essa abertura ao novo será fundamental para lhe garantir uma vantagem competitiva profissional significativa.

Mas como fazer isso na prática? Humildade e flexibilidade ajudam muito. Desenvolva o hábito de ler sobre inovação e reinvenção. Há muitos sites e blogs a respeito do tema. Por exemplo, você já pesquisou sobre carros autônomos, criptomoedas, internet das coisas, inteligência artificial, chatbots e economia compartilhada? Será um ótimo exercício estudar mais a fundo um desses temas, ou todos eles de maneira integrada, a fim de obter uma visão panorâmica do processo de mudança. Procure também canais de informação especializados em seu setor de atuação. Esteja antenada com o que há de novo em sua área.

Procure também estudar um tema distante das suas rotinas. Pode ser, por exemplo, aprender a costurar, preparar sushi, desenhar ou, quem sabe, tocar um instrumento musical. Esse tipo de prática tornará seu cérebro mais ágil para se adaptar a novos contextos e situações. Fará com que você transite com mais desenvoltura por áreas desconhecidas.

7. Trabalhar de forma planejada

Todos nós conhecemos pessoas que têm ótimas ideias e belos sonhos, mas nunca realizam nada. Pois essa é a realidade daqueles que negligenciam o planejamento. Muitas vezes, vemos que um profissional de talento modesto prospera mais do que seu colega inteligente e bem preparado. Ao examinar esses casos, verificamos frequentemente que o primeiro se planejava melhor do que o segundo, antecipando situações e calculando seus passos futuros.

Trabalhar de forma planejada implica em estabelecer metas, definir objetivos, fixar datas indicativas (montar cronogramas), controlar o andamento de processos e atualizar, sempre que necessário, as estratégias de ação.

Quando queremos que algo se torne realidade em nossas vidas, a primeira medida é estabelecer um plano de trabalho para que isso aconteça. Esse conceito vale também para projetos que não dependam somente de você. Vale um exemplo para tornar mais claro o conceito.

Imagine que seu sonho é ser promovida a diretora de operações da empresa onde trabalha. O primeiro passo para alcançar o sucesso em um projeto dessa natureza é reunir todas as informações necessárias. Antes de tudo, é preciso conhecer quais são as competências que sua empresa espera para o colaborador nesta função. Companhias mais estruturadas normalmente têm descrições de cargos bastante detalhadas que podem servir como norte. Em geral, essas informações não são sigilosas.

Lembrando que as competências de um cargo são o conjunto de conhecimentos, habilidades e atitudes exigidos do profissional que o ocupa. Depois dessa pesquisa, o próximo passo é fazer um exame detalhado de suas forças e fraquezas.

Quais são seus pontos fortes, ou seja, aqueles que satisfazem as exigências do cargo? Quais são seus pontos fracos, ou seja, aquelas aptidões nas quais ainda precisa se aprimorar?

Este pode ser o início de um plano de trabalho denominado *Promoção a Diretora de Operações*. Defina as competências a serem desenvolvidas: a, b, c... Detalhe as metas, as ações necessárias e as datas indicativas. Por exemplo, você pode definir que, nos próximos seis meses, fará um curso de especialização na metodologia scrum. Você pode também estipular que terá duas horas de aula particular de Inglês por semana. Essas metas são mensuráveis. Portanto, será fácil avaliar sua evolução.

Um segundo objetivo do seu plano de trabalho pode estar ligado ao desempenho profissional. Para ganhar uma promoção, normalmente temos que nos destacar dentro da organização em que trabalhamos. Como você pode se destacar? O que pode fazer para chamar a atenção de seus superiores?

Talvez o caminho seja abraçar um projeto que ninguém quer tocar. Talvez seja atingir todas as suas metas e superar algumas delas. Talvez seja voluntariar-se para frentes de trabalho que normalmente não estariam em sua alçada. Você deve detalhar seus passos também nesta segunda frente de ações. Pode ser no papel. Pode ser no computador. Imagine que sua ideia é criar um cadastro dos clientes potenciais do Nordeste do Brasil, algo que poderá impulsionar as vendas da companhia. De que forma você pode obter estes dados? Como vai organizá-los? Você tem tempo para realizar essa missão sem prejuízo de suas outras obrigações?

O terceiro objetivo está ligado à dimensão dos relacionamentos. Quem decide a promoção? Essas pessoas se lembram de você? Será que é possível pensar em estratégias para conviver mais com elas e fazer com que percebam seu talento? Você pode definir metas, como almoçar uma vez por mês com o vice-presidente de operações e, quando conveniente, tomar café com os outros vice-presidentes. Você também pode definir como meta participar do "dia do voluntariado", pois nesta ocasião terá acesso ao presidente da empresa.

Tudo isso deve estar por escrito e ter datas associadas a cada meta. Confira esse planejamento periodicamente para medir seus avanços.

Você deve seguir esses passos para todos os projetos importantes. Afinal, o melhor planejamento não tem nenhum valor se você sabotar suas missões. Esquecer, desprezar e procrastinar estão fora da pauta. Aos poucos, essas atitudes desmoralizam seu projeto e fazem com que acabe desistindo de sua meta.

Siga o que tem por escrito e garanta que suas energias sejam canalizadas da forma correta. Mantenha o foco e, dessa forma, aumente efetivamente as chances de alcançar seu objetivo.

Finalmente, planos não são camisas de força. Devem ser modificados de acordo com as circunstâncias. Imagine que você se sente perfeitamente capaz de se tornar diretora de operações, mas seu chefe lhe dá sinais de que o cargo não será seu nos próximos dois anos. Então, talvez seja chegada a hora de planejar sua vida fora da companhia. Verifique se pode conseguir o sonhado emprego em outra empresa. Será preciso desenvolver um novo projeto de trabalho, do zero. Um dos objetivos será pesquisar empresas nas quais seu perfil seja desejado. Analise o mercado, contate *headhunters*, converse com amigos e conhecidos sobre sua nova ambição.

8. Lidar com números e dinheiro

Será que você gostava de matemática no colégio? Você é dessas pessoas que consideram finanças um assunto para iniciados? Nunca organizou nada em uma planilha de Excel? Comece então a mudar seus conceitos, porque o mundo do trabalho raramente foge dos números.

Muitas pessoas ainda trazem da infância uma aversão a tudo que se expresse em algarismos. Quando você fala de planejamento financeiro, elas respondem: "ah, eu não tenho facilidade com números". São resistentes mesmo que as tarefas envolvam apenas operações aritméticas básicas.

Vamos, pois, conferir alguns exemplos de como os números influenciam sua vida.

O primeiro e mais importante é seu planejamento financeiro pessoal. Muitas das grandes conquistas da vida, como adquirir a casa própria, e muitas das atividades corriqueiras, como comprar o café da manhã, envolvem a movimentação de dinheiro, uma referência de valor que se conta em números.

Uma pessoa com a vida financeira desequilibrada viverá angustiada, com alto nível de estresse, e terá menos tempo para pensar no sucesso profissional. Ao mesmo tempo, pessoas que conseguem viver dentro de suas possibilidades de orçamento inspiram calma e confiança.

O primeiro passo para ter equilíbrio nas finanças pessoais é ser realista. Evite um padrão de vida que está acima de seus recursos ou que beire seu limite. Opte por uma vida que possa pagar com folga. Não deixe seu dinheiro se esvair nas pequenas tentações. Não tenha no armário mais roupas do que precisará vestir nos próximos cinco anos. Nem colecione todos os lançamentos das marcas famosas de maquiagem. Para que trocar de carro se o seu ainda é novo e não apresenta problemas? Por que comprar mais livros se sua estante está cheia de volumes não lidos? Vai sair com amigos: vale a boa conversa ou o restaurante caro que escolheu para encontrá-los?

Você só vai saber se está dentro do orçamento se fizer a contabilidade pessoal. Confronte entradas e saídas e afira o resultado no fim do mês.

Grandes saltos de carreira também exigem planejamento financeiro. Para pedir demissão e abrir uma empresa, é preciso ter uma boa reserva de dinheiro. Não basta ter recursos para investir no novo negócio. Lembre-se de que você terá de pagar suas contas pessoais enquanto a empresa não gerar lucro. Para evoluir na carreira, pode ser necessário fazer um curso de especialização, e os melhores ou mais conceituados são, em geral, muito caros. Estudar à noite implicará em se deslocar, lanchar ou jantar fora de casa, comprar livros e outros materiais didáticos. Talvez você precise viajar ao Exterior para concluir essa formação.

A manutenção de um cargo importante também implica em despesas. Vestir-se bem, encontrar contatos profissionais em lugares caros e, eventualmente, realizar longos deslocamentos para participar de reuniões e eventos. Tudo isso envolve gasto de dinheiro. Por isso, acabe agora mesmo com sua resistência aos números e inclua o planejamento financeiro em sua rotina.

Os melhores projetos de vida muitas vezes fracassam por falta de fôlego financeiro. E você não vai querer que isso aconteça com você.

Hoje há uma infinidade de softwares de planejamento financeiro. Também há livros e cursos na Internet sobre o tema. No que se refere aos programas de computador, nunca gostei de me prender a um modelo preexistente. Se você tiver noções básicas de Excel, poderá fazer suas próprias planilhas. Para trabalhar com esse recurso simples da era digital, recorra a cursos gratuitos no Youtube. Outros, com orientações mais complexas e específicas, são pagos. Há livros didáticos que realmente podem guiá-lo, como o divertido *Excel: Fórmulas e Funções Para Leigos*, de Ken Bluttman. Em poucas horas, professores particulares poderão ensinar comandos básicos que mudarão sua vida. Acredite: lidar com esse programa é muito mais fácil do que parece.

Agora vamos falar de vida profissional. Quanto mais subir na carreira, mais dados e gráficos você terá que analisar para basear suas decisões. Planilhas de custos e retorno estarão sob sua responsabilidade. Diante de seus olhos, desfilarão índices, médias, medianas, "pizzas" de porcentagem e tabelas que mostrarão variações em vendas, preços e valores pagos em impostos. Há uma infinidade de informações estatísticas. E um bom executivo jamais toma decisões antes de consultar esses dados. Quando compreender a lógica deliciosa atrás dos números, mais facilmente lidará com eles em sua rotina pessoal e profissional.

9. Manter uma rede de relacionamentos ativa

Acompanhei as buscas de muitos amigos que perderam o emprego e recorreram a prestigiadas consultorias de recolocação do mercado, empresas que cobravam verdadeiras fortunas pelo serviço. As companhias também contratam esse tipo de consultoria quando fazem o desligamento de um membro de determinado nível hierárquico dentro da organização.

Na maioria das vezes, esses colegas tiveram sucesso, mesmo em tempos de crise e desemprego, mesmo sem ter um perfil muito demandado naquele momento. Uma das atividades mais importantes dos processos dessas consultorias é reativar a lista de contatos do próprio candidato. Ele é estimulado a fazer uma lista das pessoas que conhece, e entrar em contato com elas. Para algumas mais distantes, basta um telefonema. Os contatos mais quentes e promissores merecem um café, uma visita ou um almoço. Que pena que muitos só lembram de reativar sua lista de contatos quando estão procurando emprego. Na verdade, o empenho naquilo que conhecemos como *networking* deve ser constante.

Sair do escritório e ser visto é fundamental. As informações estratégicas não são entregues a domicílio. Seu futuro chefe não vai bater na porta e convidá-la para trabalhar com ele. Também é improvável que um cliente importante toque a campainha para lhe propor um negócio. Esse cruzamento entre oferta e procura, geralmente ocorre quando as pessoas se encontram. Por esse motivo, é importante manter uma agenda ativa, com cronograma e planejamento.

Você pode fazer uma lista das pessoas estratégicas para sua carreira. Eu também uso o Excel para essa finalidade. Coloco apenas nome, cargo e telefone, e uma célula onde aponto a data do último contato e o que nele ocorreu. Os e-mails também são um recurso. Esses endereços eletrônicos estão armazenados na própria caixa de correio. Conheço pessoas que adicionam a data de aniversário dos contatos e ativam um lembrete para que possam enviar-lhes os cumprimentos. Nunca consegui esse nível de perfeição.

Assegure-se de ter todas as pessoas de sua lista adicionadas ao LinkedIn. Uma vez montada a estrutura, o trabalho consiste em lembrá-las de você. Publique algo nesta rede social.

Há pessoas ali que são especiais, porque são bem relacionadas, poderosas ou simplesmente capazes de nos ensinar. Busque cultivar afinidades com elas. Por vezes, mande um artigo que julgue agregar conhecimento ao estudo ou trabalho desse contato. Se tiver mais intimidade, arrisque um telefone, de vez em quando. Se houver mais espaço, marque um café ou almoço. Obviamente, use o bom senso para definir a frequência e o grau de envolvimento dessas interações.

Outro ponto importante é a participação em eventos de seu setor de atuação. Procure estar presente em encontros prestigiados por pessoas estratégicas em seu meio profissional. Câmaras de comércio binacionais e associações setoriais costumam ser excelentes.

Crie no Excel uma meta viável para sempre aumentar sua lista de contatos estratégicos. Lembre-se ainda de não olhar apenas para cima de você na hierarquia. Potenciais colaboradores também são valiosos.

Os empreendedores de sucesso não dominam todos os saberes em suas áreas de atuação, mas sempre conhecem quem faz muito bem o que não sabem fazer.

Contatos não devem se limitar a clientes ou possíveis empregadores. A maioria das pessoas foca apenas nisso. Construa uma lista de fornecedores também. Se não forem amigos pessoais, não precisa convidá-los para tomar café ou almoçar, a não ser que considere a possibilidade de aprender algo com eles. Um dia, com certeza, você precisará conhecer um bom redator, um publicitário, um especialista em marketing digital ou um programador PHP. Será importante ter um bom nome anotado ou contar com alguém que possa lhe indicar esse profissional. Contatos são um patrimônio muito importante.

No momento em que escrevo este capítulo, um amigo importante, diretor de uma editora, me ligou e solicitou a indicação de um *web designer*. Tive a felicidade de sugerir um profissional que realiza trabalhos verdadeiramente artísticos, acima da média em qualidade, e que cobra preços realistas. Meu amigo vai continuar me considerando uma referência, mesmo em áreas nas quais não sou a principal especialista, como design. Na semana passada, indiquei programadores Java. O mais importante é que pessoas me ligam para obter esse e outros tipos de informação. Adivinhe quem eles vão contatar quando precisarem de uma consultoria na minha área de atuação?

Mais uma vez, lembre-se: o mérito é fundamental, mas não vale nada quando você está trancada em casa. Nossa sociedade e o mundo do trabalho baseiam-se em relações. Seja um animal de relacionamento. Se não for, crie esse personagem para você, em nome da carreira que pretende construir.

10. Ser uma pessoa de ação

Tenho observado que as pessoas estão cada vez mais preguiçosas. Acredito que o mundo digital exacerbou esse vício. Agora, resolvemos toda nossa vida sentados na frente de uma tela. Como resultado, as pessoas mostram-se muitas vezes vagarosas e indolentes no ambiente de trabalho. É uma postura que pode ser muito irritante para um chefe ou cliente. Em geral, mancha a imagem do profissional. Cito aqui alguns exemplos. As pessoas estão acostumadas a resolver tudo por email; quando muito, por telefone. Uma prática muito útil no mundo comercial, que é a visita, está sendo abandonada. Quando um cliente liga e relata um problema, o ideal é dizer: em meia hora estarei em seu escritório para resolver pessoalmente o problema.

Contatos presenciais, em um mundo cada vez mais digital, fazem toda a diferença. Mas nem sempre as pessoas estão dispostas a fazer esse deslocamento, especialmente se não forem de uma área comercial. Isso vale para contatos com colegas da mesma equipe. Por que não se levantar e ir até a sala do outro para trocar ideias? Nada me irrita mais do que consultar um membro de minha equipe sobre um problema e ouvir: "Já mandei um e-mail, mas ninguém me respondeu".

Há também aquelas pessoas que costumam analisar um problema sob todos os ângulos, como se fossem comentaristas profissionais de algum telejornal. No entanto, não mexem uma palha para resolvê-lo. Procure sempre ser a pessoa que resolve, e não a que comenta.

Também procure não ser a pessoa que apenas dá ordens enquanto os outros fazem todo o trabalho, mesmo que você seja o chefe. Se há uma reunião de equipe e ninguém trouxe o *flip chart*, seja você a pessoa que vai buscá-lo, mesmo que seja o mais alto na hierarquia. Tive um chefe que, quando pegava um café na sala de reuniões, aproveitava para servir a todos. Não importava quem estivesse sentado à mesa. Essas pequenas gentilezas alimentavam a lealdade e nos fazia colaboradores mais entusiasmados.

Mas como se tornar uma pessoa mais ativa? Pratique! No encontro de amigos, seja o primeiro a levantar e levar os pratos para a cozinha. Ofereça-se para lavar a louça. Se tiver alguma tarefa muito chata pendente, dê-lhe prioridade. Comece seu dia por ela. O mesmo vale para ligações difíceis ou respostas a e-mails. Aliás, prefira sempre o telefone ao e-mail, por mais que tenha preguiça de falar com as pessoas. O ganho que terá em seu *network* vai valer o esforço. Em qualquer situação, pergunte-se: estou sendo a mais pró-ativa? Fui eu que arregacei as mangas e comecei a trabalhar? Atitudes desse tipo fazem um profissional se destacar da massa.

E assim chegamos ao final desta seção. Ao final de cada capítulo na primeira seção do livro sugeri exercícios e atividades. Você já deve estar cansada. Desta vez, resolvi variar um pouco. O questionário a seguir funciona como um teste para ver como você se sai nas competências que acabei de descrever.

O gabarito está ao final e pode servir como um guia de ação a partir de agora. Boa sorte!

EXERCÍCIOS DO CAPÍTULO

1. *Você trabalha na gerência de recursos humanos. Ao passar pela sala do gerente de marketing, escuta quando ele comenta com algum interlocutor: "Por que esperar que alguém me apresente uma ideia melhor? Esta é uma empresa de burocratas; aqui cada um se limita a fazer seu próprio trabalho". Você:*

   a) Sente-se ofendida porque ele não pode falar assim de uma equipe tão capacitada e comprometida.

   b) Sente-se ameaçada, pois o comentário é uma crítica velada à área de gestão de pessoas. Decide criticar o gerente em qualquer oportunidade que surgir para devolver a desfeita na mesma moeda.

   c) Não faz nada a respeito; afinal, o que alguém de marketing entende de gestão de talentos?

   d) Desenha um plano de capacitação em inovação, criatividade e empreendedorismo, além de um plano de premiação para novas ideias.

2. Depois de dez anos trabalhando em uma montadora de automóveis, cada vez mais você ouve falar em carros elétricos. Até onde sabe, sua empresa não tem nenhum produto pronto nessa área. Você:

a) Deixa de lado, pois quando for o momento alguém vai trazer o assunto para uma reunião.

b) Boicota o tema sempre que aparece em uma reunião. Afinal, você é a maior especialista da empresa na tecnologia atual, de motores a combustão. Portanto, é melhor não mudar o paradigma.

c) Resiste à inovação. Carros elétricos são uma grande bobagem. Não passam de um modismo trazido por um milionário norte-americano excêntrico.

d) Começa a estudar tudo a respeito dessa nova tecnologia, de modo a tornar-se especialista nela. Afinal, se um dia os veículos elétricos dominarem o mercado, não será problema para você.

3. A diretoria de sua empresa pede que você avalie a viabilidade de investir em um novo segmento de consumo, ainda muito pequeno no Brasil, mas já bastante significativo em outros países. Você:

a) Dá um jeito de mostrar que o investimento será inviável. A empresa não está em condições de assumir novos riscos em plena crise. Além disso, você tem sobrecarga de trabalho com os segmentos já atendidos hoje.

b) Junta informações sobre o potencial de receita, concorrentes, despesas e necessidades de investimento. Também verifica os riscos inerentes ao projeto. De posse dessas informações, faz sua avaliação.

c) Empenha-se em encontrar bons motivos para que a empresa faça o investimento. Crescer é sempre positivo e você sempre foi muito ousada. Deseja, portanto, participar como protagonista desse processo.

d) Faz uma análise de quanto o segmento representa em crescimento de vendas e apresenta um relatório à diretoria.

4. Dentro de seis meses você terá trinta dias de férias e quer viajar. Você fez algum planejamento a respeito?

a) Já comprei as passagens e reservei os hotéis. Tenho um plano de quanto vou gastar no total. Estou economizando para poder viajar tranquila e curtir os lugares que sempre sonhei conhecer.

b) Não, só vou pensar nisso no primeiro dia em que acordar em casa e perceber que não preciso trabalhar.

c) Sim, vou viajar, mas ainda não vi nada. Sempre acabo comprando a viagem em cima da hora e pagando caro.

d) Já comprei um pacote. Não lembro quanto foi, mas ainda me sinto culpada. E ainda vou fazer muitas compras no cartão de crédito durante a viagem. Tenho o ano todo para pagar as parcelas.

5. Um cliente liga furioso, reclamando de um problema que teve com o produto de sua empresa. Qual a sua atitude?

   a) Vai até o escritório dele para ouvir a crítica pessoalmente. Acaba coletando informações interessantes a respeito da empresa do cliente. Talvez até saia com uma nova venda fechada.

   b) Ouve atentamente e pede que o cliente lhe envie um e-mail relatando o acontecido. Assim, ganha tempo para solucionar a questão e ainda deixa tudo documentado.

   c) Antes que o cliente possa despejar sua raiva, passa a ligação para o gerente de qualidade. Ele é que deve cuidar de "não conformidades".

   d) Não atende a ligação, pois é péssima para falar por telefone. É para isso que contratou a melhor assistente que existe no mercado e lhe paga um salário astronômico.

6. É a festa de aniversário de seu sobrinho, e a mesa de doces cai ao chão, resultado das traquinagens da molecada. O desastre é enorme. Há confeitos misturados a cacos de vidro. Qual sua atitude?

   a) Nenhuma, hoje é meu dia de folga.

   b) Faço questão de saber quem são os pais dos meninos peraltas; afinal, essa fofoca vai render muito nos futuros encontros com as amigas.

   c) Reúno meus filhos para falar sobre a importância de manter a postura educada, mesmo em festas. O acidente é uma boa oportunidade para discutir comportamento.

d) Corro para a cozinha em busca de sacos de lixo grandes. Sou a primeira a me ajoelhar e começar a juntar a sujeira.

7. Recorde um fracasso muito grande que experimentou na vida. Qual foi a causa?

a) A inveja das pessoas; pois sempre fui uma pessoa muito perseguida.

b) Circunstâncias inexplicáveis; sabe como é, o destino tem seus próprios motivos misteriosos.

c) Eu fui a única responsável. Se tinha a competência necessária, não soube usá-la para obter um resultado melhor. O importante é que esse fracasso foi uma fonte riquíssima de aprendizado.

d) As pessoas responsáveis não souberam avaliar meu desempenho. Não se fazem líderes como antigamente.

8. Muitas vezes, estamos desconfortáveis num emprego e fica claro que nosso tempo naquela empresa acabou. O que devemos fazer?

a) Jogar tudo para o alto e sair. Assim, começamos logo uma nova fase da vida. Se a gente pensa muito, nunca toma a decisão.

b) Pesquisar empresas de recolocação, analisar as vagas disponíveis no mercado, conversar com headhunters, verificar quanto dinheiro há na poupança, calcular quanto tempo é possível passar sem salário. Pedir demissão apenas quando já se conseguiu um novo emprego ou quando se tem um plano de ação perfeitamente traçado.

c) Começar a faltar e chegar atrasada de modo a poder se dedicar melhor à busca de uma nova vaga. Qual o problema? Não quero mais ficar naquele emprego.

d) Estou nessa situação há muito tempo, mas como tenho muito trabalho, o tempo passa e não consigo tomar uma decisão.

9. Você tem um compromisso com um cliente às 5h00 da tarde, no centro da cidade. São quase 4h00 e seu chefe está se alongando em um assunto que sempre o entusiasma muito. Você:

a) Explica que tem uma reunião com um cliente e pede para encerrar a reunião. Afinal, precisa de tempo de se arrumar, imprimir um orçamento e chegar no encontro com dez minutos de antecedência.

b) Deixa seu chefe terminar a explicação. Afinal, tem raras oportunidades de falar privadamente com ele. O cliente vai entender se acabar se atrasando.

c) Estende a conversa com o chefe ao máximo, sai correndo do escritório e chega pontualmente à reunião. Chega ofegante e suada, mas não se abala. O importante é cumprir a agenda.

d) Discretamente, transfere a reunião com o cliente para o dia seguinte, explicando que seu chefe a chamou para discutir um assunto urgente.

10. O cliente pede um desconto que torna o trabalho inviável. Você, no entanto, não pode perder aquela conta, pois seria o terceiro cliente naquele mês a cancelar um projeto. Qual sua atitude?

a) Aceita fazer o preço que o cliente pediu. Depois, dá um jeito de usar materiais mais baratos e fazer uma entrega aceitável.

b) Recusa o projeto, porque não pode desvalorizar dessa maneira o trabalho de sua empresa.

c) Trata o cliente com transparência, mostrando o que pode entregar pelo preço que ele está pedindo. Assim, não terá frustrações na hora da entrega.

d) Faz tempo que você não enfrenta esse problema. Com as novas tecnologias desenvolvidas na empresa, seus serviços têm qualidade superior e preços muito competitivos.

Gabarito: 1. d; 2. d; 3. b; 4. a; 5. a; 6. d; 7. c; 8. b; 9. a; 10. c ou d estão certas, as duas valem como corretas.

CAPÍTULO
FINAL

AS COMPETÊNCIAS DAS MULHERES. *VIVE LA DIFFÉRENCE!*

Vive la différence é uma antiga expressão francesa, hoje muito mais usada fora do que dentro da França. Exalta a riqueza e o valor que são criados quando conseguimos incorporar o diferente.

E esta é a última mensagem que este livro quer deixar para você. Cultivando o espírito da diversidade, mulheres geram riqueza e valor para as empresas, principalmente se forem mulheres sendo mulheres.

Muitas pesquisas analisaram o estilo de liderança feminina, destacando no que somos particularmente competentes:

- Capacidade de lidar com a diversidade;

- Capacidade de exercitar a empatia;

- Facilidade de comunicação, tanto com níveis hierárquicos superiores como inferiores;

- Capacidade de estabelecer relacionamentos;

- Capacidade de compartilhar informações;

- Capacidade de ouvir;

- Capacidade de tomar decisões abrangendo um escopo mais amplo de variáveis.

Sobre este último ponto, vale um comentário. Quando tomam decisões, as mulheres tendem a ter uma visão mais social das questões, levando em conta o efeito da ação para as famílias, meio ambiente e o mundo como um todo.

A liderança das mulheres é menos apegada a status e hierarquia. Tende, portanto, a ser menos autoritária e controladora, e mais baseada em franco debate, busca de consenso e exercício da democracia. As mulheres estão mais preparadas para evitar agressões e contornar conflitos, tendendo a adotar uma postura mais conciliadora e negociadora.

Nos Estados Unidos é amplamente conhecida a influência positiva das mulheres na política. A congressista democrata norte-americana Eleanor Holmes Norton costuma divulgar estudos que provam a correlação direta entre o número de mulheres em um órgão legislativo e a aprovação de leis efetivamente favoráveis às mulheres, crianças e famílias.

Em ambientes parlamentares demasiadamente masculinos, esse debate custa a evoluir. Esse entrave não se deve necessariamente à resistência deliberada dos homens. Ocorre porque, na prática, eles conhecem menos da realidade doméstica, demandas e necessidades de mães, crianças e jovens. Segundo acadêmicos que pesquisam os mecanismos da política institucional, com 15% de mulheres em um órgão legislativo já é possível fazer prosperar esse tipo de discussão.

As parlamentares norte-americanas deram um grande passo ao criar o *Congressional Caucus for Women's Issues*, um foro em que deputadas e senadoras, tanto republicanas como democratas, se reúnem para discutir e propor leis favoráveis às mulheres. Por meio desse órgão, obtiveram conquistas históricas. Foi o caso do *Women's Business Ownership Act*, de 1988, que instituiu uma base de políticas, programas e iniciativas públicas e privadas de apoio às mulheres empreendedoras.

Parece mais fácil para as mulheres esquecerem diferenças ideológicas e partidárias em função de um bem comum. É certo que podemos aproveitar essa capacidade para solucionar outros conflitos e até mesmo encerrar guerras que consomem recursos e vidas, como na África e no Oriente Médio.

Portanto, se você é mulher e está planejando entrar no universo da política ou das corporações em qualquer esfera de poder e geração de valor, saiba que há muito trabalho a ser realizado. "Torna-te quem tu és", como ensinava o poeta grego Píndaro (e também o filósofo Nietzsche), e assim poderá fazer toda a diferença.

Chegamos assim ao fim deste livro. Espero que a palavra escrita tenha se convertido em uma boa fonte de aprendizado. Desejo que, ao fechar esta página, você imagine coisas belas e ambiciosas para sua vida. Mais do que isso, espero que seja capaz de libertar-se de suas correntes, identificar seus talentos e lançar-se à realização de seus sonhos.

Mais do que qualquer coisa, desejo que você seja feliz, torne outras pessoas felizes e, finalmente, contribua para fazer este mundo melhor. Estou na torcida pelo seu sucesso. Estou na torcida pelo nosso sucesso.

CONHEÇA OUTROS LIVROS DA ALTA BOOKS

Negócios - Nacionais - Comunicação - Guias de Viagem - Interesse Geral - Informática - Idiomas

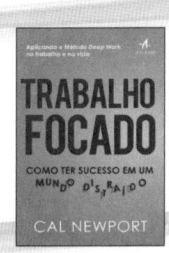

Todas as imagens são meramente ilustrativas.

SEJA AUTOR DA ALTA BOOKS!

Envie a sua proposta para: autoria@altabooks.com.br

Visite também nosso site e nossas redes sociais para conhecer lançamentos e futuras publicações!
www.altabooks.com.br

/altabooks ▪ /altabooks ▪ /alta_books

ALTA BOOKS
EDITORA

Este livro foi impresso nas oficinas gráficas da Editora Vozes Ltda.,
Rua Frei Luís, 100 – Petrópolis, RJ.